Francisco de Rojas Zorrilla

Los áspides
de Cleopatra

Barcelona **2024**
Linkgua-ediciones.com

Créditos

Título original: Los áspides de Cleopatra.

© 2024, Red ediciones S.L.

e-mail: info@linkgua.com

Diseño de cubierta: Michel Mallard.

ISBN tapa dura: 978-84-9953-624-8.
ISBN rústica: 978-84-9816-230-1.
ISBN ebook: 978-84-9897-775-2.

Sumario

Brevísima presentación

La vida

Francisco de Rojas Zorrilla (Toledo, 1607-Madrid, 1648). España.

Hijo de un militar toledano de origen judío, nació el 4 de octubre de 1607. Estudió en Salamanca y luego se trasladó a Madrid, donde vivió el resto de su vida. Fue uno de los poetas más encumbrados de la corte de Felipe IV. Y en 1645 obtuvo, por intervención del rey, el hábito de Santiago.

Empezó a escribir en 1632, junto a Pérez Montalbán y Calderón de la Barca, la tragedia El monstruo de la fortuna. Más tarde colaboró también con Vélez de Guevara, Mira de Amescua y otros autores.

Felipe IV protegió a Rojas y pronto las comedias de éste fueron a palacio; su sátira contra sus colegas fue tan dura al parecer que alguno de los ofendidos o algún matón a sueldo le dio varias cuchilladas que casi lo matan. En 1640, y para el estreno de un nuevo teatro construido con todo lujo, compuso por encargo la comedia *Los bandos de Verona*. El monarca, satisfecho con el dramaturgo, se empeñó en concederle el hábito de Santiago: las primeras informaciones no probaron ni su hidalguía ni su limpieza de sangre, antes bien, la empañaron; pero una segunda investigación que tuvo por escribano a Quevedo, mereció el placer y fue confirmado en el hábito (1643). En 1644, desolado el monarca por la muerte de su esposa Isabel de Borbón y poco más tarde por la de su hijo, ordenó clausurar los teatros, que no se abrirían ya en vida de Rojas Zorrilla, muerto en Madrid el 23 de enero de 1648.

Personajes

Cleopatra
Lépido
Irene
Una Mujer
Marco Antonio
Lelio, viejo
Caimán, gracioso
Un Sargento
Octaviano
Octavio
Libia, criada
Músicos

Jornada primera

(Salen Irene y Lépido.)

Irene	Cansado, Lépido, estás.
Lépido	Irene, téngote amor.
Irene	¿No te hiela mi rigor?
Lépido	Desdenes encienden más.
Irene	¿Y los desaires?
Lépido	También.

Irene
Confiésote que es verdad,
que a una grande voluntad
la da sazón un desdén;
si cae sobre amor, yo siento
que es el desaire donaire,
mas no si cae el desaire
sobre un aborrecimiento.
Y así, pues tu engaño ignora
que tu amor aborrecí,
lo que te encendió hasta aquí
te puede helar desde ahora.

Lépido
Pues ya que saber merezco
que no me quieres...

Irene
Detén;
no es que no te quiero bien.

Lépido	Pues di, ¿qué es?
Irene	Que te aborrezco.
Lépido	¿Ese extremo no es igual?
Irene	Diferente viene a ser: una cosa es no querer, y es otra querer muy mal.
Lépido	Y, en fin, me dices aquí...
Irene	Ya tu oído lo escuchó.
Lépido	Que no me has querido.
Irene	No.
Lépido	¿Y que me aborreces?
Irene	Sí.
Lépido	Con la amorosa pasión no pensarán mis agravios que lo que hablaban tus labios dictaba tu corazón. Mas la causa he de saber por qué aborreces mi nombre.
Irene	No puedo querer yo a un hombre a quien venció una mujer.
Lépido	Aunque Cleopatra cruel me venció, el ser vencedor

no está en manos del valor,
la fortuna da el laurel.
Venciome, y aún te asegura
esta verdad inclinada
que a no vencerme su espada
me venciera su hermosura:
que es tan bella...

Irene   Ten, que espero
pedirte, si eres constante,
que te vengues como amante,
pero no como grosero;
que yo no he dicho verás
en este desdén primero
con decir que no te quiero
que a otro amante quiero más.
Y tu venganza procura
tanto encender mi tibieza,
que alabas otra belleza
galanteando mi hermosura.
Pues refrena tu osadía
como amante; que no es bien
satisfacer un desdén
con toda una grosería.

Lépido   Que a ti te alabo verás
si lo miras ingeniosa,
que es hacerte más hermosa
estarte queriendo más.
¿De alabarla sin amor
qué ofensa te puedo hacer,
si esto es darte a ti a entender
que me pareces mejor?

Irene	Yo aborrezco a Cleopatra, ya lo sabes; y ni aun poco no quiero que la alabes.
Lépido	Tú me aborreces.
Irene	Tú me desobligas.
Lépido	Pues ni aun esto no quiero que me digas: de Marco Antonio tengo estos recelos.
Irene	Tú eres el que te das a ti los celos.
Lépido	Que le quieres infiero.
Irene	Cortés soy, no te he dicho que le quiero.
Lépido	Pero tu amor su amor ha preferido.
Irene	Es galán, es valiente y entendido.
Lépido	Con la voz de la fama militante tres veces Roma me aclamó triunfante.
Irene	Y Cleopatra eclipsar tu luz procura.
Lépido	Es hermosa, y venció con la hermosura.
Irene	De grosero otra vez das testimonio.
Lépido	Y tú, ¿por qué alabaste a Marco Antonio?
Irene	Dices bien, ya lo veo, resbalose la voz por el deseo.

Lépido	Pues no te cause enojos que se fuese mi lengua hacia mis ojos.
Irene	No me quieras, y alaba a quien quisieres.
Lépido	¡Qué prolijas nacisteis las mujeres!

(Toquen.)

Irene	Mas ¿qué clarín esparce poco atento las raridades que concierta el viento?

(Toquen sordinas.)

Lépido	Mas ¿qué sordinas, con acentos graves divierten la capilla de las aves?
Irene	Triunfante allí un ejército ha ocurrido.
Lépido	Y otro ejército allí marcha vencido.
Irene	¡Oh si el cielo quisiera que Marco Antonio el que ha vencido fuera! que aunque es mi hermano César Octaviano, Es mi amante primero que mi hermano
Lépido	¿Si el cielo ha permitido que Marco Antonio sea el que ha vencido? que aunque de su amistad tanto me obligo, es mi dama primero que mi amigo.
Irene	Marco Antonio es aquel, aquel mi hermano.
Lépido	Éste que llega es César Octaviano.

Irene	Pues supla a mi deseo mi recato;
	llega en buen hora, honor del Triunvirato.
Lépido	Llega a mis brazos, toma,
	llega en buen hora, libertad de Roma.
Irene	Mis lazos se prevengan a tus lazos.
Lépido	El corazón traduciré en los brazos.
Irene	Esta fineza en tu valor se estrene.

(Salen por dos puertas diferentes, Marco Antonio por el lado de Irene, y Octaviano por el de Lépido.)

Octaviano	¡Oh Lépido!
Lépido	¡Oh Octaviano!
Marco Antonio	¡Oh bella Irene!
Irene	¡Oh dulce dueño mío!
	móvil que arrastra todo mi albedrío.
	¿Cómo vienes?
Marco Antonio	Vencí.
Lépido	¿Cómo te ha ido?
	¿No me responderás?
Octaviano	Vengo vencido.
Irene	Marte lo ha permitido soberano.

Marco Antonio	Déjame ver a César Octaviano.
Octaviano	A Antonio quiero hablar.
Lépido	A mi enemigo.
Marco Antonio	¿Lépido?
Irene	¿Hermano?
Octaviano	¿Irene? ¿amigo?
Marco Antonio	¿Amigo?
Octaviano	¿Qué tristeza a tus ojos ha ocurrido?
Marco Antonio	De hallarte con insignias de vencido, ¿qué alegría se ofrece a tu semblante?
Octaviano	De mirarte con señas de triunfante.
Marco Antonio	Como hoy a tu valor tu ruina estrena, se equivocó mi gloria con tu pena.
Octaviano	Y como tú has logrado una victoria se moderó mi pena con tu gloria.
Marco Antonio	Agradezco la fe de tu cuidado.
Octaviano	Cuéntame, Antonio, el triunfo que has gozado
Marco Antonio	Cuéntame aquesa lid sangrienta y fiera.

Octaviano	Fue desta suerte.
Marco Antonio	Fue desta manera.
Octaviano	Ya te acuerdas, Antonio, de aquel día, que armados de ambiciosa bizarría fuimos los tres a conquistar el mundo.
Marco Antonio	Y que tocó a mi acero sin segundo El Asia.
Octaviano	A mí la Europa dilatada.
Lépido	El África a los filos de mi espada.
Octaviano	Y que los tres con amigable trato hicimos este heroico Triunvirato. Júpiter quiera que felice goce. La tierra austral que el rumbo desconoce.
Lépido	Ya sabes que por suerte o por estrella me venció por el mar Cleopatra bella.
Marco Antonio	Y que sabiendo tu infelice suerte volví del Asia solo a socorrerte.
Octaviano	Que echamos los dos suertes.
Marco Antonio	Ya lo digo.
Octaviano	Que le tocó a mi brazo este castigo, que por la mar con ira y osadía fui a rendir a Cleopatra a Alejandría.

Marco Antonio	Que al Asia me volví.
Lépido	Que yo corrido en Roma entonces me quedé vencido.
Marco Antonio	¿Es esto ansí?
Lépido	Mi indignación lo llora.
Marco Antonio	Pues oye agora.
Octaviano	Pues escucha agora: cuando el alba y aurora, entonces bellas, salen a reconocer a las estrellas; cuando el tardo lucero, sin decoro, murmurando está el Sol bostezos de oro, y el pájaro de verdes plumas rico afila al tronco el argentado pico, retoza el can, y la que ruge fiera muestra la presa con que al tigre espera; chupa el clavel el líquido rocío azota el pez las márgenes del río, y en repetido tálamo dichoso la tórtola se pica con su esposo, y la culebra sola hondeando la arena con su cola, y al asomar del Sol temprano el coche muda la piel con que esperó la noche; partí cortando al mar la verde bruma en trescientos centauros de la espuma, pues volar y correr cada cual sabe, medio cuerpo cristal y medio nave.
Marco Antonio	La reina, entre las flores peregrinas,

encargó su custodia a las espinas,
y Clicie, que por Febo se desvela,
era del campo fija centinela;
roció el viento con agua destilada
a la Luna, hasta entonces desmayada,
y ella con animosa cobardía
del desmayo volvió que la dio el día;
y a una estrella se sale desunido,
por acecharle al Sol dónde se ha ido,
y porque vuelen graves
les dio la sombra luz a tardes aves,
cuando marché con treinta mil soldados,
seguros todos, porque son pagados.

Octaviano   Y apenas con descuido diligente
encargamos las velas al Poniente
cuando vapores del cristal sediento
tramaron nubes que vistiese el viento,
el día oscureció, bramó el Siroco,
tejiose el Sol de nieblas poco a poco
erizósele al mar la estéril bruma,
que es el verde caballo de la espuma,
variaron descontentos a bramidos
todos cuatro elementos desunidos;
solo la vista a solo el riesgo vía,
de mucho armada el oído no oía;
ya no acierta el gobierno el timonero,
no encuentra con la escolta el marinero;
el más hallado es el que más se ofusca,
da en el fogón el que la bomba busca;
el padre allí del hijo es enemigo,
no se acuerda el amigo del amigo;
cual hubo que a la sombra agradecía,
por no ver todo el mal que se entendía;

cual hubo que el relámpago deseaba,
por ver aquel espacio que duraba;
toda mi hueste en una voz se queja,
pero a ninguno aprovechó la queja;
y cuál hubo, que al ver no bien mirados,
cubierto el mar de árboles troncados;
tan ciego acierta, y tan despierto yerra,
que al mar saltó pensando que era tierra.

Marco Antonio   A mí me ayudó tanto la fortuna,
que el imán de las aguas, que es la Luna,
influyendo por todas las estrellas,
me señaló serenidades bellas.
A la sed que fatiga a mis soldados
arroyos se desangran por los prados;
ardiente estío me ofreció a racimos
ociosa fruta en árboles opimos,
árbol allí más grato
ofreció calambucos al olfato,
y con sonoro y ajustado ruido
las aves consonancias al oído,
selva y prados en líquidos despojos
dieron amenidades a los ojos;
y como estrella nos influye amiga,
el ocio fue nuestra mayor fatiga;
y, en fin, como suaves
nos saludaron las pintadas aves;
el prado, el arroyuelo,
la selva, el monte, Luna, Sol y cielo,
sin inconstancia alguna,
no se halló quien creyese que hay fortuna.

Octaviano   Salió el arco de paz, serenó el día,
y en la playa me hallé de Alejandría;

salté en Egipto, que es donde idolatra
el Sol los otros soles de Cleopatra;
desembarcamos en la playa apenas;
el llanto se rió con las arenas
y aunque en la playa estaba,
la planta aún no creyó lo que pisaba;
cuando con ira ardiente
me acomete Cleopatra de repente;
por la margen de un río, clara y pura,
¿quién ha visto con maña la hermosura?
resistirla procuran mis soldados,
y moverse no pueden de cansados,
allí con ira extraña
se aprovechó de la ocasión la saña;
el alarido y confusión crecía:
lo que antes fue cristal, ya es sangre fría,
aquel, herido y fiero,
lidiaba con su mismo compañero;
desesperado aquel, cuando embestía,
no por matar, que por morir reñía;
uno allí desangrado
sangre bebe que aquel ha derramado:
pero si aquella le desmaya, en breve
vuelve a alentar con la que el otro bebe;
aquel que ni se anima ni acobarda,
esperando la lid la muerte aguarda;
huye un soldado sin que el riesgo aguarde,
y le alcanza la muerte de cobarde;
uno acomete allí más diligente,
y se busca su muerte de valiente,
que no se libran de la muerte fiera
ni el que huye, ni el que embiste, ni el que espera.

Marco Antonio   Yo, con valor, enojo y osadía

20

al reino de los Partos llegué un día;
salió su rey, su vestidura era
de pieles remendadas de pantera;
sacó eminentes, pero no constantes,
castillos sobre espaldas de elefantes;
tal ejército el joven acaudilla
que ocupa más espacio de una milla;
son sus altas trincheras baluartes,
al Sol encubren rojos estandartes;
mas —dije—, como el mundo no me asombra:
«No importa, pelearemos a la sombra.»
De noble ira, de ardimiento armada,
mi gente la embistió desbaratada;
mis tropas se dividen una a una,
pero las concertaba la fortuna,
si en proporción el Parto acometía,
su mesma ceguedad le dividía;
de emboscada miré salir airados
sobre veinte elefantes, mil soldados,
y aunque iban fijos antes,
tienen tal propiedad los elefantes
que si tropiezan, sea del peso o pena,
no pueden levantarse del arena;
y es preciso, si quieren ir delante
que el mismo que los guía, los levante;
pues cuando me buscaron
en un reducto que hice, tropezaron,
y como el que primero acometía
levantarse a sí mismo no podía,
quedaba entre el arena sepultado
a un tiempo el elefante y el soldado.

Octaviano   Sobre un caballo, pájaro sin pluma,
               que a nado pasó el golfo de su espuma,

que cuando al freno su altivez sujeta,
irritado a la voz de la trompeta,
alzó tanto al pisarlas peñas duras
que él mismo se miró las tierra duras,
salió Cleopatra, más divina aurora,
animando su hueste vencedora,
retirarme otra vez al mar procuro
y menos de las aguas me aseguro;
el soldado, que auxilios procuraba,
por saltar en el barco en el mar daba;
y cual entre uno y otro grave empeño,
se arroja al mar sobre tronchado leño;
recojo algunos que morir quisieron,
y de ser desdichados no murieron.

Marco Antonio   Al Parto venzo, y viéndome triunfante,
su rey me llama el Asia militante.

Octaviano   Surco el Mediterráneo, a Roma llego
(Aparte.)   Rendido de Cleopatra. (¡Ah dulce fuego!)

Marco Antonio   Las aves me repiten la vitoria,
los bronces la dedican a la historia.

Octaviano   Acuérdanme entre aquellas peñas fieras
mi ruina negras aves agoreras.

Marco Antonio   Llego a verte, y hallándote vencido,
yo me parece que el vencido he sido.

Octaviano   Hállote, y como el Asia has sujetado,
yo presumo que soy el que he triunfado.

Marco Antonio   Tu voz por todo el orbe se derrama.

Octaviano	Tú eres el que da lenguas a la fama.
Marco Antonio	Para que las edades sean testigos de que somos los dos fieles amigos.
Octaviano y Lépido	Y al rendir sus provincias una a una, préstanos, Marco Antonio, tu fortuna.
Marco Antonio	Si haré, César Octaviano, y vive el móvil primero, a cuyo natural curso se arrastran estotros cielos, que ha de estrenarse Cleopatra en las iras de mi acero, aunque embotados de herir tenga sus filos sangrientos. Marchad otra vez, soldados; ea, a vengar, compañeros, la sangre de los romanos que ha teñido el mar Tirreno. Ea, a Alejandría, soldados, y pésame que es empeño en vencer una mujer, cuando a tantos reinos venzo. Lépido, si tu desdicha te ha vencido, y no tu esfuerzo: Octaviano, si tu estrella te ha vencido, y no tu aliento; yo, que soy vuestra fortuna, vengar a los dos prometo antes que al ocio le encargue este no vencido acero. Solo descanso en la lid;

ea, a descansar marchemos;
alto, a embarcarnos, amigos;
aten al mar con sus remos
para sembrarte de sangre
esos inconstantes leños;
ea, a vencer a Cleopatra,
este encanto descifremos,
que no ha podido el valor
ver, siendo mucho, estar ciego.
Adiós, César Octaviano.

(Hace que se va.)

Octaviano   Espérate, que primero
te he de cumplir la palabra
que te he prometido. Al tiempo
que al Asia fuiste, ya sabes
que fue de los dos concierto,
que si vienes de la guerra
vencedor, te dé por dueño
a Irene, mi hermosa hermana;
tú has vencido ya, y supuesto
que haces tú por mí lo más,
que es vengarme, yo pretendo
darte, pues me está tan bien,
a mi hermana, que es lo menos.
Irene, dale la mano.

Lépido   Echas a perder con eso
nuestra venganza, Octaviano.
¿Vesle que airado y sangriento
se irrita de nuestro agravio,
y a tu ruina desatento,
cuando le hallas diligente

le solicitas suspenso?
Déjale vencer ahora,
que estorbar es desacierto
las atenciones de Marte
con las delicias de Venus.

Marco Antonio   Los dos decís bien, amigos
y así, tomando el consejo
de Lépido y Octaviano,
el favor agradeciendo,
doy la mano y no la doy.
Bella Irene, ya soy vuestro;
pero antes que en esos lazos
se suspenda este ardimiento,
y antes que pague amoroso
deudas de consorte al lecho,
he de vencer a Cleopatra,
con que cumplo a un mismo tiempo,
quedando por dueño suyo
y yendo a vengaros luego
con el duelo de amistad
y de mi amor con el duelo;
tuyo soy, Lépido, amigo.

Lépido   ¿Qué dices? ¡De celos muero!

Marco Antonio   Que avises a mis soldados
que a marchar estén dispuestos,
que al África he de embarcarme.

Lépido   Tus órdenes obedezco;
Véngueme el cielo de ti.

(Vase.)

Octaviano	¿Bella Irene?
Irene	¿César nuevo?
Octaviano	Déjanos solos, que hablar a Marco Antonio en secreto conviene a un cuidado mío.
Irene	Si tanto importa ya os dejo; menos valiente quisiera y más amante a mi dueño.

(Vase.)

Octaviano	Ya estamos solos.
Marco Antonio	Sí, amigo.
Octaviano	Ninguno nos oye.
Marco Antonio	Es cierto.
Octaviano	Pues salga al oído tuyo todo en voces mi silencio.
Marco Antonio	¿Qué dices? Dime tu mal.
Octaviano	¡Oh, pluguiera a mi deseo que en mi lengua y en su voz cupiera mi sentimiento!
Marco Antonio	No esté cobarde tu pena.

Octaviano	¿Cómo quieres tú que a un tiempo de una grande cobardía se informe tu atrevimiento?
Marco Antonio	¿Cobardía? ¿Qué? ¿Has huido? ¿Volviste la espalda al riesgo?
Octaviano	Mayor mal.
Marco Antonio	No puede ser.
Octaviano	Oye y sabrás el suceso. amigo, yo vi a Cleopatra...
Marco Antonio	Tente, que has dicho más presto de lo que explicarlos quieres a todos tus pensamientos. ¿Te aficionó su hermosura? Responde.
Octaviano	¡Pluguiera al cielo! que la afición no es amor.
Marco Antonio	¿Qué es?
Octaviano	Un tibio deseo, que está pintado en el alma al temple de los afectos, a quien cualquiera accidente, sea de tibieza o celos, con ser los que le hacen más le templan en ser lo menos.
Marco Antonio	¿Pues qué tienes?

Octaviano   Tengo amor,
que está al olio tan impreso
en el corazón, adonde
fue toda afición bosquejo,
que no le podrá borrar
el pintor más sabio y diestro,
ni de los celos las sombras,
ni de la ausencia los lejos;
yo vi a Cleopatra divina
(como te dije primero),
y mis ojos navegaron
las ondas de su cabello;
anegueme en su hermosura,
y dije al ver sus luceros:
¿cómo causan la borrasca
los que influyen tan serenos?
¡Ay de mí! que ya no soy
ni puedo ser aquel mesmo
que burló como dormido
lo que lloró como ciego;
venciome, y enamoreme,
pero no hizo mucho en eso,
que me rindió el corazón
y es él el que da el esfuerzo;
tú eres mi amigo y mi hermano,
tú partes agora al reino
de Cleopatra a conquistar
los imposibles de un cielo;
tú eres dichoso, yo soy
el más infeliz extremo
de la fortuna inconstante;
tanto, que en las lides echo
a perder con mi fortuna

28

cuanto emprendo con mi acero,
a ti todas las estrellas
te favorecen; yo tengo
por tres enemigos míos
a Júpiter, Marte y Venus;
y, en fin, soy tan infeliz
que me he enamorado: en esto
conocerás mi fortuna;
y así, noble amigo, puesto
que eres dichoso, hazme tú
feliz: conquístame el cetro
de Cleopatra, Sol de Egipto;
ve a conquistarme el imperio
de sus ojos, a quien paga
el dios de la venda feudo;
si la vences con tu dicha;
quédate tú con su cetro,
y parte luego conmigo
su hermosura; yo no puedo
lograrme por mí esta dicha,
tenme lástima, que llego
a hacer las lágrimas voces,
y hacer ojos sus acentos;
vence, y logre yo sus rayos,
y pues ha sido concierto
partir los dos, como amigos,
del mundo todos los reinos,
tómate tú todo el mundo,
y dame a Cleopatra en premio,
porque vale más Cleopatra
que el mundo, aunque entren los cielos.

Marco Antonio   Con sentir verte vencido,
no es eso lo que más siento,

sino que pueda en ti más
tu amor que un vencimiento;
tú que das voz a la fama,
a las edades ejemplo,
¿has de ser de un ciego dios
indigno y extraño objeto?
Templa, templa esas pasiones.

Octaviano   Amigo Antonio, no puedo.

Marco Antonio   ¿Tú con ojos en las lides?
                   ¿Y tú en las delicias ciego?
                   ¿Tú enamorado?

Octaviano   ¿Pues tú
                   no tienes amor?

Marco Antonio   Confieso
                   que a Irene, tu hermana, adoro,
                   ya por mi esposa y mi dueño;
                   pero es amor tan templado
                   que a vengarte voy resuelto
                   por no embarazar mi ira
                   con mi amor; luego es primero
                   todo este valor que irrito,
                   que todo este amor que templo.

Octaviano   Como ya es Irene tuya
                   estás templado.

Marco Antonio   No es eso,
                   sino que es ofensa mía
                   la que es de los dos, y quiero,
                   en dos extremos tan grandes,

valor y amor, que sea menos,
amor, que es extremo y vicio,
que valor, virtud y extremo.
Convéncete.

Octaviano   No es posible.

Marco Antonio   Indigna el valor.

Octaviano   No acierto.

Marco Antonio   ¿Y la adoras?

Octaviano   No es humana.

Marco Antonio   ¿No hay remedio?

Octaviano   No hay remedio.

Marco Antonio   Pues supuesto que te miro
incapaz de mi consejo,
y pues tú no puedes más
contigo, y tampoco puedo
faltar a mi obligación
que a mi fe y mi sangre debo,
yo te entregaré vencido
ese aparente portento
que le han fingido imposible
los entes de tus deseos.
Partid al puerto, soldados;
Octaviano, yo prometo
de no volver a la Europa
sin que a ti, rey verdadero
de la otra mitad del mundo

que con mi espada granjeo,
traiga para eterna fama
la gran Cleopatra por feudo

Octaviano   ¿Eres mi amigo?

Marco Antonio   Y tu hermano.

Octaviano   Y, en fin, ¿prometes de nuevo
que será mía Cleopatra
si la vences?

Marco Antonio   Al Sol mesmo
pondré a tus plantas.

Octaviano   Mis brazos
son de tus lealtades premio.

Marco Antonio   Quédate.

Octaviano   El cielo te guarde.
Mira, amigo, que recelo...

Marco Antonio   Fortuna tengo y valor.

Octaviano   Recelo...

Marco Antonio   No tengas miedo.

Octaviano   Que Cleopatra...

(Salen Irene y Lépido por dos puertas.)

Irene   Ya otra vez

al ruido del metal hueco
se conciertan tus soldados.

Lépido   Ya al son de Marte sangriento
templadas las cajas tocan
a marchar.

Marco Antonio   Ea, marchemos,
hijos míos. —Bella Irene,
dame los brazos.

Irene   En ellos
quisiera dejarte el alma.

(Abrázanse.)

Marco Antonio   Yo vendré a adorarte.

Irene   El cielo
te vuelva a Europa.

Marco Antonio   Él querrá
que goce tus brazos presto.
—Lépido, adiós.

Lépido   Él te traiga
tan presto como deseo.

Octaviano   Mira que me das palabra...

Marco Antonio (A la puerta.)
No acuerdes lo que te ofrezco;
la lealtad tiene memoria.

Irene	Advierte, esposo, que temo...
Marco Antonio	No temas.
Irene	Quiérote bien.
Marco Antonio	Pues advertid, que si dentro de un año no hayan venido señas de mi vencimiento, es que el valor y fortuna se han trocado tan adversos que él la ha influido desdichas y ella amenaza los riesgos. ¿Y me iréis a socorrer?
Lépido	Yo lo juro.
Octaviano	Yo lo ofrezco.
Irene	Y yo he de ir a acompañarlos.
Marco Antonio	Esto admiro.
Octaviano (Aparte.)	Esto concierto. (Dale laureles, fortuna.)
Irene	Volvedle a Europa, deseos.
Marco Antonio	Tráigame el cielo triunfante.
Lépido (Aparte.)	No vuelvas ruego a los cielos.

(Vanse.)

(Sale Caimán.)

Caimán

Yo soy un pobre romano,
que vino sin cobardía
al reino de Alejandría
con el César Octaviano;
y en la batalla después,
viendo que con los gitanos
no me valían las manos,
ni aproveche de los pies;
pero yo estoy satisfecho,
que huir, como hombre mortal
luego, luego, hace gran mal,
después, después, gran provecho;
que queda un hombre corrido
dice el vulgacho malvado;
mas al huir me he quedado
como si no hubiera ido;
díjome Octaviano fiero
de su ruina en el afán:
—Di, ¿por qué huyes, Caimán?
—y yo dije: —Porque quiero;
—Si mueres —dijo— es muy cierto
que tu fama el orbe aclama;
—¿y qué he de hacer con la fama,
—le dije—, después de muerto?
Señores, ¿no es necedad
que haya hombre de tal suerte
que se deje dar la muerte
por tener posteridad?
¿Por dar líneas a la historia
haya quien llegue a lidiar?
¿Que se entre un hombre a matar
por dejar grande memoria?

Hombre, a tu valor incierto
el engaño te apercibo;
¿no hay quien se acuerde de un vivo,
y quiere memoria un muerto?
Ahora volvamos al caso:
en la lid sangrienta y dura,
deste monte en la espesura
me escapé paso entre paso;
volviéronse los romanos,
pero aunque en Alejandría
se quedó mi cobardía,
no me conocen gitanos;
pues estoy pobre, yo quiero,
ya que no soy buen soldado,
buscar un oficio honrado
que me valga algún dinero;
¿Seré sastre? es devoción
ser sastre muy abatida,
que he de andar toda la vida
a cuestas con el pendón.
¿Aljebista? voy errado;
desconcertaré costillas,
venderé lindas pastillas
de ámbar siendo pan mascado;
esto no se disimula,
y aún no sé fraguarlas yo.
¿Hareme médico? no,
sé mucho, y no tengo mula.
Con ropón seré letrado,
que libros no es menester;
boticario quiero ser,
que es oficio redomado;
pues con vender cada vez
que ocasión precisa halle

cuatro piedras de la calle
molidas en almirez,
con cuatro rótulos solo,
con vender a tontos mil
el aceite del candil
por aceite de vitriolo;
con que venda a cuantos ven
que en mi tienda se trabaja
el agua de la tinaja
por el agua de llanten;
y por jarabe después
vender miel de letuario,
queda un hombre boticario
y queda rico en un mes;
pero no quedarán salvas
honra y fama que he guardado:
que dirán que un hombre honrado
ha nacido entre las malvas.
¿Seré alcahuete? No inquiete
mi codicia, que es mi fama.
No le dan nada a una dama
¿qué darán a un alcahuete?
¿Pues a qué oficio idolatra
mi codicioso desvelo?

(Sale Libia.)

Libia   Justicia venga del cielo
sobre la reina Cleopatra.
Apelaré del rigor
con que al precepto me irrito,
¿que haya mandado en Egipto,
que no haya quien tenga amor?
¿Que con su casta pureza

la cruel Cleopatra intente
derogar por accidente
lo que obra naturaleza?
Si con ser irracionales
en la tierra y mar mejor,
se tienen también amor
peces, plantas y animales.
Desde que ha que todos ven
este precepto importuno,
no encuentro hombre ninguno
que no me parezca bien.
Con dos mil faltas escojo
a todos, tan torpe soy,
que tras un tuerto me voy
porque me hace del ojo.
Y cuando llegue a faltar
un tuerto, que querré advierto
a un calvo, con ser bien cierto
que no le puedo pelar.
A un lindo mi tema rara
le pone ducientos nombres;
si es feo, digo: los hombres
no han de tener buena cara.
Si un chiquito hallo en la calle,
digo: aqueste me merece;
si un largo: ¡qué bien parece
en los hombres un buen talle!
Y de tal suerte se ven
mis ansias, porque me asombre,
que me vengo tras este hombre
porque me parece bien.
¡Que nuestra reina aperciba,
porque su virtud se crea,
que la que adúltera sea

la saquen a quemar viva!
¡Y que otra ley nos advierta,
porque el riesgo se repare,
que la que se descuidare
la saquen a quemar muerta!
Señores míos, protesto
que me endiablo o enquillotro,
¿qué les queda para esotro
si queman aquí por esto?
Esta sujeción cansada
más a mi deseo aumenta;
viva yo agora contenta
y muera después quemada
pero tengo tal estrella
que no ha de quererme creo

Caimán (Aparte.)   Mujer es esta, y deseo
                        parecer hombre con ella.

Libia (Aparte.)   Yo me llego.

Caimán (Aparte.)   ¡Hay tal menguado!
                        ¿Qué tardo? Quiero llegar.

Libia (Aparte.)   Aunque me hayan de quemar.

Caimán   Sea Júpiter alabado.

Libia   Por siempre, y pase adelante;
                        pues ya en la ocasión me veo.

Caimán   ¿Habrá un poquito de empleo
                        para un amor vergonzante?

Libia	No faltará.
Caimán	¡Qué piedad!
Libia	Llegue y no tenga recelo; acérquese, hermano.
Caimán	El cielo le pague la caridad.
Libia (Dale la mano.)	Tome.
Caimán	Págueoslo Cupido; de hambre solo la tomo, tres meses ha que no como bocado de lo que pido; ya que en amoroso lazo tan piadosa os alargáis que un poco de mano dais, dadme un bocado de un brazo.
Libia (Abrázale.)	Tómele.
Caimán	¡Qué alma tan pía!
Libia	Yo soy una pecadora; óyeme, hermano.
Caimán	¿Señora?
Libia (Aparte.)	Véngaseme acá otro día. (Más a quererle me incito.)
Caimán	Dígame, ¿por qué razón?

Libia	Hermano, la privación es causa del apetito.
Caimán	Su fineza he de estimar, seré su amante muy fiel.
Libia	Ruego al cielo que por él no me saquen a quemar.
Caimán	¿Quemar?
Libia	Es ley promulgada contra el humano apetito.
Caimán	Si ello es después del delito, quémente, no importa nada. ¿Y en el castigo se encierra el hombre también?
Libia	No.
Caimán	Di, ¿solo a las mujeres?
Libia	Sí.
Caimán	No me voy yo desta tierra.
Libia	Con pasiones tan erradas, ¿cómo a amarme te acomodas? respóndeme.
Caimán	Porque a todas

las deseo ver quemadas.
Y el quererte ahora, es
según de la ley confío...

Libia   Dime, ¿por qué? Caimán mío!

Caimán   Porque te quemen después.

Voces (Dentro.)   ¡Plaza, plaza!

Caimán   Al anfiteatro
que está del mar a la orilla,
la Reina entra.

Libia   Maravilla
del mundo es este teatro.
Ya digo que no te quiero.

Caimán   Yo desde hoy te he de querer,
que espero que te he ver.

Libia   ¿Adónde?

Caimán   En el quemadero.

(Salen Cleopatra, Lelio, de barba, soldados y acompañamiento de hombres.)

Lelio   Reina de Egipto, Sol de Alejandría,
luz que escribe en la luz que pauta el día.
Comparación tú sola a tu grandeza,
símbolo sola tú de tu pureza
que el ser tan generosa
te hace que parezcas más hermosa;
excepción de la regla, aún no creída,

pues no eres fea y eres entendida,
que del amor burlaste los engaños,
prudente sin la costa de los años.
Hoy, que de escamas rústicas plateados
los peces de tus luces deslumbrados
salen del mar, que tu verdad serena
hasta quedarse en seco en el arena.
Hoy, pues, que al permitir tus rayos rojos
las águilas peligran en tus ojos,
cuando hidrópicos llegan sus desmayos
a beberse el concurso de tus rayos;
hoy, que conoce la teñida rosa...

Cleopatra   Detente, no me alabes por hermosa;
en vano, Lelio, a mi beldad prefieres;
alaba mi valor, si alabar quieres,
y no antepongas cuando yo te asombre
indicios de mujer a señas de hombre.
¿Yo no he vencido a Lépido el romano?
¿Yo no teñí de espumas el mar cano?
¿Yo de sus popas, árboles y quillas,
no he fabricado túmulos de astillas?
¿Yo no vencí a Octaviano en esa playa,
que aunque se enoje, el mar le tiene a raya?
¿Yo no dejo grabada
en la testa de hueso flecha alada
al venado, que es, sin dar engaños,
rústico coronista de sus años,
pues para que los lea el que los cuente
se imprimen los instantes en la frente?
¿Yo a Marco Antonio, a quien el Asia aclama,
ese, de quien es voz toda la fama,
a que venga no espero
a estrenarse en los filos de mi acero?

¿Pues este vencimiento, esta grandeza,
débese a mi valor o a mi belleza?
¿No los venció mi espada? Sí, ella ha sido;
pues si mi espada es la que ha vencido
y mi hermosura no, que no es segura,
no alabes desde hoy más a mi hermosura.
¿Quién puede haber que sea tan osado
que diga que a mis ojos se ha inclinado?
¡Que si alguno me diera esos enojos,
yo misma me sacara a mí mis ojos!
Si esta alma que a mí me anima rara,
del Sol, con ser deidad, se aficionara
del mismo al contemplarle
me dejara cegar por no mirarle.
¡Oh, quién trocara el sexo recibido!
De una mujer me pesa que he nacido,
por ser mujer, que a ser flaqueza toca;
¡Oh, si hubiera nacido de una roca!

Lelio

Sentarte agora puedes,
que pues es día hoy de hacer mercedes
pues con aplauso, que serán tus glorias,
celebra Alejandría tus vitorias,
que renueves te digo
al perdón los preceptos del castigo.

Cleopatra

Cualquier delito mis piedades crea,
como el romper la castidad no sea.

(Siéntase.)

Lelio

En estos dos empecemos
que has de sentenciar agora.

Cleopatra	¿Quién son esos dos?
Lelio	Señora, dos prodigios, dos extremos; uno está preso, porque es tan tierno o es tan blando, que está siempre enamorando a cuantas mujeres ve; y otro quiere pretender premios, que es justo que pida, y es de que en toda su vida nunca ha hablado con mujer; éste pide que te obligues desta obediencia.
Cleopatra	Está bien.
Lelio	Y el otro pide también...
Cleopatra	¿Qué pide?
Lelio	Que le castigues.
Cleopatra	¡Extremo notable ha sido!
Lelio	Que esto está probado infiere.
Cleopatra	En fin ¿uno a todas quiere, y otro a ninguna ha querido?
Lelio	El premio y castigo libre igual de justicia el peso.
Cleopatra	Pues soltadme al que está preso

y prendedme al que está libre;
que si ese quiere una a una
a todas juntas, se infiere,
que, pues a todas las quiere,
no tiene amor a ninguna;
y por evidente ten,
aunque tu engaño lo ignora,
que ese que a ninguna adora,
es que a alguna quiere bien
pues perdone mi grandeza,
y castigue mi porfía
del uno la hipocresía
y del otro la flaqueza.

Lelio	Prosigo por éste.

Cleopatra	Di.

Lelio

Un hombre de baja suerte
está condenado a muerte,
porque dice mal de ti.

Cleopatra   ¿Qué dice?

Lelio

      Ahora lo sabrás:
que eres, dice el maldiciente,
generosa solamente
porque se diga que das;
y después desta malicia,
con nueva temeridad,
que solo es en ti crueldad
lo que parece justicia;
que eres soberbia, impaciente;
que eres vana, codiciosa,

y que el nacer tan dichosa
te hace parecer valiente.

Cleopatra   ¿Hay atrevimiento igual?
Y dime, Lelio, también
si dice de alguno bien.

Lelio   No hay de quien no diga mal.

Cleopatra   Pues yo revoco esa pena
por lo que a todos me iguala,
que era señal de ser mala
si dijera que era buena.
Soltadle, y logre esta suerte,
pero en esto se repare,
que al punto que me alabare,
mando que le den la muerte.
Porque en un extremo tal
no me estaba bien aquí
que hable solo bien de mí
quien de todos habla mal.

Caimán   Señora, si así libráis
el perdón para la ofensa,
si cuando el castigo piensa
al que murmura premiáis;
por Júpiter, vuestro dios,
os suplica mi cuidado,
que me admitáis por criado,
que yo diré mal de vos:
que me recibáis confío.

Cleopatra   ¿En qué oficio?

Caimán	Si es razón,
	pido que me hagáis bufón.
Cleopatra	¿Por qué?
Caimán	Porque soy muy frío.
Cleopatra	¿De dónde sois?
Caimán	Soy romano,
	y ser gitano querría.
Cleopatra	¿Quién os trujo a Alejandría?
Caimán	¿Quién? el César Octaviano.
Cleopatra	Y en la batalla se ve
	que os perdisteis.
Caimán	Reina sí,
	al principio me perdí,
	pero a la postre me hallé.
	Huí de ti, y en Egito
	escondido he estado.
Cleopatra	Pues
	¿Cómo huiste?
Caimán	Con los pies.
Cleopatra	¿Seréis gallina?
Caimán	Un poquito.

(Sale una Mujer tapada.)

Lelio
La mujer que ves está
sentenciada a quemar.

Caimán
                              ¡Palo!

Lelio
Con un hombre, su amor ciego
tus preceptos ha violado;
el delito está probado.

Cleopatra
Pues ejecútese luego.

Mujer
Si estas lágrimas que lloro
pueden templar tu rigor,
sabe, que él me tiene amor
al paso que yo le adoro.
Y acúsele tu piedad
este error escandaloso,
que con palabra de esposo
le entregué mi voluntad.
A que me la cumpla aguarde
la piedad que en ti se espera.

Cleopatra
¿No aguardarais que os la diera?

Mujer
Ya me la ofrece.

Cleopatra
                              Ya es tarde.

Lelio
Que la perdonéis os digo,
que ha de parecer muy mal
por ser mujer principal,
la infamia deste castigo.

49

	Otro castigo, otra pena
	moderad, reina piadosa.
Cleopatra	De esa campaña espaciosa
	de flores y áspides llena
	dos áspides aplicad,
	y en sus alevosos brazos
	tengan ponzoñosos lazos
	que indicios de mi crueldad
	la aflijan con tal dolor,
	que se reduzga mortal
	en ponzoña irracional
	la ponzoña del amor.
	Esta sangre de amor ciego
	este tormento desangre,
	sea mi castigo la sangre,
	pues no queréis que sea a fuego.
Mujer	El cielo, puesto que muero,
	con justicia soberana,
	permita, reina tirana,
	que te mate un áspid fiero.
	Y también llego a pedir,
	que por más sangrienta espada
	mueras tan enamorada
	como yo voy a morir.
Cleopatra	Esa desdicha no espero
	pues con justa causa mueres.
Mujer	Y si algún hombre quisieres,
	se dé muerte con su acero.
Cleopatra	Vete.

50

| Mujer | El cielo te maldiga, |
| | véngueme el cielo de ti. |

| Cleopatra | Yo vivo segura en mí. |

Mujer	Y otra vez pido, enemiga,
	que pruebes tanto el dolor,
	que antes que yo en esta suerte
	pruebe efectos de la muerte,
	pruebes efectos de amor;
	de ti seas escarmiento,
	y tengas como yo el fin.

(Vase.)

(Tocan.)

| Cleopatra | ¿Mas qué sonoro clarín |
| | rompe la región del viento? |

Lelio	Vuelve los ojos a la mar serena,
	verás su playa de bajeles llena,
	ducientas y más naves,
	peces del aire y de la espuma aves,
	con no seguro paso
	vienen cortando al mar el azul raso;
	un pájaro de pino en vez de pluma
	hace de azul cristal nevada espuma,
	son sus flámulas bellas carmesíes,
	sus árboles se engastan de rubíes;
	del ébano que al Sol la cara empache,
	la popa trae relieves de azabache;
	de bronce el espolón que le asegura,

51

	a quien supo bordar la arquitectura;
	y trae, porque la tenga el Sol decoro,
	palamenta de plata y timón de oro.

Caimán   Ya en el mar cristalino
las abatió de enfermo lino.

Lelio   Ya el áncora a su curso alado enfrena,
fiada a la constancia de la arena.

Cleopatra   Ya un hombre en nuestra orilla se ha arrojado;
illega a mis iras, infeliz soldado!

Lelio   De paz es la bandera que despliega;
llega, infeliz soldado.

Cleopatra   Llega, llega,
y pues de tu valor das testimonio,
di, ¿quién eres, soldado?

Marco Antonio (Dentro.)
                              Marco Antonio.

Cleopatra   Temor de oír su nombre he recibido,
y esta es la vez primera que he temido;
pero es valor este temor primero;
echar el velo a mi hermosura quiero;
que pues mi espada el triunfo me asegura,
no quiero que le venza mi hermosura.

Lelio   Llega, romano.

Cleopatra   ¡Toda soy de hielo!

(Échase el velo en la cara.)

(Sale Marco Antonio.)

Marco Antonio   Guarde, Cleopatra, tu hermosura el cielo.

Cleopatra   Vete, Caimán.

Caimán   Obedecerte intento.

(Vase.)

Cleopatra   Vete, Lelio.

Lelio   Sí iré.

(Vase.)

Cleopatra   Tomad asiento.

(Siéntanse sin mirarse.)

Marco Antonio   Cleopatra valerosa,
según dice la fama, muy hermosa,
que es lo que agora menos te asegura,
pues yo no he de rendirme a tu hermosura;
reina de Egipto, no como solía,
porque hoy ha de ser mía Alejandría,
Yo vengo, así una ofensa restituyo,
a llevarte a mi reino por el tuyo.

Cleopatra   Marco Antonio imprudente,
para con los cobardes muy valiente.
Y según el clarín armonioso

para con infelices venturoso;
no rey del Asia ya como solía,
porque el Asia también ha de ser mía;
vuélvete al mar salado,
si no quieres, quedando aprisionado
en mi reino, que llama Europa suyo,
que vaya luego a conquistar el tuyo;
que a Lépido he vencido, ¿no lo sabes?

Marco Antonio   Diole sepulcro el mar a ochenta naves.

Cleopatra   A Octaviano venció mi brazo airado.

Marco Antonio   Él se dejó vencer de enamorado;
                  tus ojos, me contó que le rindieron.

Cleopatra   Pese a mis ojos si ellos le vencieron;
(Levántanse.)   ¡Viven ellos, que al Sol causan enojos,
                  que no te he de enseñar a ti mis ojos,
                  porque al verte vencido,
                  no digas que mis ojos te han rendido!

Marco Antonio   Pues yo bien sé cuando a tu luz me llego,
                  que no puede rendirme el amor ciego.

Cleopatra   Aunque verme deseas,
                  soy mucho yo para que tú me veas
                  ni he de verte, por no darte indignado
                  los méritos de haberte yo mirado.

Marco Antonio   Aunque eso dices, responderte puedo.
                  Que no me ves, por no tenerme miedo.

Cleopatra   Y tu valor mirarme no procura,

	porque teme rendirse a mi hermosura.
Marco Antonio	Y aunque mirara de tu luz el fuego...
Cleopatra	¿Qué hicieras si me vieras?

(Descúbrese, y míranse.)

Marco Antonio	Morir luego.
Cleopatra	Vete, apártate, joven, porque al verte estoy viendo la imagen de mi muerte
Marco Antonio	No te apartes, dulcísima homicida, que en ti miro la imagen de mi vida.
Cleopatra	No sé lo que contemplo al contemplarte, que me infunde temor para mirarte.
Marco Antonio	No sé qué estrella a mi infelice suerte le ha influido valor para quererte.
Cleopatra	¿Qué haré para templarme? quiero inclinarme y no puedo inclinarme.
Marco Antonio	¿Qué contrario es al tuyo mi destino? no quisiera inclinarme, y más me inclino.
Cleopatra	Di, si eres tan galán, Antonio airado, ¿porqué hablabas con iras de soldado?
Marco Antonio	Si eras divina, porque amor te crea, ¿porqué hablabas con señas de ser fea?

Cleopatra	Hombre, que templas cuantos das enojos, no turbes las quietudes de mis ojos.
Marco Antonio	Hiena, que así me obligas con gemidos, no turbes la atención a mis oídos.
Cleopatra	Antonio, vete, tarde me resisto, yo me voy a morir de haberte visto.
Marco Antonio	¡Oh quién de sí se huyera!
(Hace que se va.)	
Cleopatra	No te vayas, Antonio, aguarda, espera, mas ¿cómo el culto a mi deidad profano?
Marco Antonio	¿Mas yo rendido del amor tirano?
Cleopatra	¡Ah soldados! lograd feliz la suerte, prended a Marco Antonio, dadle muerte.
Marco Antonio	En la ocasión aprovechad los bríos, dad la muerte a Cleopatra, amigos míos.
(Tocan cajas.)	
Cleopatra	Mas tened, no me deis a mí esa herida.
Marco Antonio	Mas no la deis la muerte, que es mi vida. ¡Ay Octaviano amigo, qué igual es tu castigo a mi castigo! No he de tener amor.
Cleopatra	No soy amante;

Vete, Antonio.

Marco Antonio   No puedo,
que me infundiste valeroso miedo;
mas ya obedezco; voyme al mar salado
vencido, por estar enamorado.

Cleopatra   ¿Te vas?

Marco Antonio   A Roma vuelvo.

Cleopatra   ¡Oh pena mía!
no te vayas, ya es tuya Alejandría;
hazte señor de su elevado muro.

Marco Antonio   No es esa la ciudad que yo procuro.

Cleopatra   ¿Qué reino?

Marco Antonio   El de tus ojos por quien veo.

Cleopatra   Tuya es el alma, patria del deseo;
Mas, ¡oh, pese a mi voz! ¡Pese al Dios ciego!

Marco Antonio   ¿Mas, yo inclinado al amoroso fuego?

Cleopatra   Dadle la muerte a Antonio, mi enemigo.

Marco Antonio   Estrenad en Cleopatra mi castigo;
mas tened, no me deis a mi esa herida.

Cleopatra   Mas no le deis la muerte, que es mi vida.

Marco Antonio   Quédate.

Cleopatra	Ya me voy.
Marco Antonio	¡Infeliz suerte!
Cleopatra	¿No has de volver a verme?
Marco Antonio	No he de verte.
Cleopatra	¡Oh cuanto duda amor!
Marco Antonio	¡Cuánto amor yerra!
Los dos	Guerra contra el amor, alarma, guerra.

Fin de la primera jornada

Jornada segunda

(Dentro ruido de desembarcar.)

Octaviano   Ya no manda el timón, y ya la quilla
                 encalló en las arenas de la orilla.

Lépido   Dejad zafar la escolta y chafaldete.

Irene   Amainad la mesana y el trinquete.

Lépido   Vaya la lancha al pie de aquella sierra.

Octaviano   Lépido, Irene y yo, tomemos tierra.

Irene   Áncora al mar.

Lépido   Sobre la espuma cana
                 se mece la ligera capitana.

Octaviano   Y las demás, qué iguales
                 azotan con los reinos los cristales.

Irene   Favorable nos fue la mar y viento.

Lépido   Avante boga.

Octaviano   Iza a barlovento.

(Salen Octaviano, Lépido e Irene.)

Irene   Salta sobre el peñasco de esa sierra.

Octaviano   Beso mil veces la florida tierra.

Lépido	Beso la madre de los hombres pía.
Irene	Ésta la playa es de Alejandría la que al Mediterráneo tiene a raya,
Octaviano	Más parece de Chipre aquesta playa.
Irene	Salva te hacen dulces ruiseñores.
Lépido	Sin duda es esta patria de las flores
Octaviano	El olfato y la vista a un tiempo estrena fragancia y candidez de la azucena.
Irene	Alegre está la vista y el olfato.
Octaviano	¿No ves, Irene, al Sol arder ingrato?
Irene	¿Ingrato?
Octaviano	¿No le ves con luz hermosa galanteando la purpúrea rosa, que preside a otras flores peregrinas y al ver que se defiende con espinas, no por ser tan hermosa la pretende, sino porque la ve que se defiende? ¿Y a Clicie, que en sus rayos habilita porque ve que le sigue la marchita?
Irene	Y yo al ver que la deja, en mí contemplo de Clicie y Sol un infelice ejemplo; que si Antonio me deja desdeñoso, yo vengo a ser la Clicie de mi esposo.

Octaviano	Lépido, amigo mío, Irene bella:
	tú, Sol del Asia: tú, de Europa estrella,
	atendedme los dos lo que os advierto:
	ya os acordáis los dos que fue concierto
	de venir a buscar a nuestro amigo,
	siendo nuestra amistad el fiel testigo,
	dado caso que Antonio no llegase
	dentro de un año a Europa, o que no enviase
	nuevas de su ruina o vencimiento
	o ya la fama lo contase al viento,
	o ya fiase sus vitorias solas
	Neptuno a la inconstancia de las olas.

| Lépido | Un año el tiempo fue que la ha aplazado. |

Octaviano	Pues ya sabéis que el año se ha pasado,
	sin que para más riesgo o mayor gloria
	sepamos su ruina o su vitoria;
	y tal vez he pensado
	o que hidrópico el mar se le ha tragado,
	o que cruel, Cleopatra, aunque divina,
	reliquias no dejó de su ruina;
	o será, pues triunfante no le aclama,
	que su clarín se le quebró a la fama:
	y como nuestro crédito desmaya,
	con las naves que surgen en la playa
	y con la hueste que mi espada anima,
	a discurrir el más remoto clima
	me conduzgo, hasta hallar de aquesta suerte
	indicios de su vida o de su muerte.

| Irene | Desta montaña, agora |
| | que le acecha las luces al aurora, |

la cumbre altiva discurrir podemos.

Lépido   La selva, monte y prado registremos.

Octaviano   Mirar pretendo en este monte cano
                  si alguna población descubre el llano.

Irene   Solo un arroyo aquella selva baña;
                  desierta se descubre la campaña.

Octaviano   Estampa no se ve de plantas vivas,
                  todas las plantas son vegetativas.
                  tocad al arma, veamos si se altera
                  al marcial aparato un hombre o fiera.

Lépido   Toca al arma.

(Toquen y párense a escuchar.)

Octaviano   Ya suena el metal hueco,
                  y solo del clarín es susto el eco.

Irene   Aves son las que el ruido han extrañado.

Lépido   Un hombre, o el deseo me ha engañado.

Irene   Vuelto en sí del letargo, huir procura;
                  antes que se penetre en la espesura
                  del prado, le llamemos.

Octaviano   Hombre, aguarda;
                  Egipcio, ¿qué te turba y acobarda?
                  Reducirle no puedo.

Lépido	Mucho es que no tropieces en tu miedo.
Irene	¿No vías? darle voces es en vano.
Octaviano	El que te llama es César Octaviano.
Irene	Parece que a tu nombre reducido su temor aconsejó su oído.
Lépido	Ya parece que mueve más veloces las plantas al halago de tus voces.
Octaviano	Llega al favor que esperas de mi mano.

(Sale Caimán.)

Caimán	Dame tus plantas, César Octaviano.
Octaviano	¿Caimán?
Caimán	¿Lépido, Irene, qué te veo? Viendo estoy a los tres, y no lo creo; ¿qué se llegó de mi deseo el día?
Lépido	¿De dónde vienes, di?
Caimán	De Alejandría.
Irene	¿Llegó Antonio?
Caimán	Llegó.
Octaviano	¿Qué ha sucedido?

Caimán	Lo que siempre, Cleopatra le ha vencido
Octaviano	¿Vive Antonio?
Caimán	Sí vive.
Octaviano	Di si es cierto.
Caimán	No te estuviera mal que hubiera muerto.
Octaviano	¿Qué dices?
Caimán	Lo que digo.
Octaviano	Muera mil veces yo, viva mi amigo.
Irene	¿Murió Cleopatra?
Caimán	Sí.
Octaviano	¡Desdicha fuerte!
Caimán	Pero vive Cleopatra con la muerte.
Octaviano	¡Qué gloria, qué contento!
Irene	¡Oh pena esquiva!
Caimán	No te estuviera mal que fuera viva.
Octaviano	Descíframe esta enigma, si eres sabio.
Irene	No se hielen tus voces en tu labio.

Lépido	Di, ¿cómo aquí has llegado? sácanos a los dos deste cuidado.
Octaviano	Como leal refiere, cómo vive Cleopatra y cómo muere.
Irene	Refiérenos si es cierto cómo es Antonio vivo y cómo es muerto
Lépido	Ya tu voz esperamos.
Caimán	Pues escuchad los tres.
Lépido, Irene y Octaviano	Ya te escuchamos.
Caimán	Ya te acuerdas que contigo vine a Egipto, y ya te acuerdas que me quedé en la batalla como espada genovesa; ya dije que Marco Antonio llegó a Egipto; pero apenas empañó con nubes de humo el Sol de Cleopatra bella, apenas vio su luz pura nunca hasta entonces serena, cuando se quedó más blando que corregidor que espera, acabado su trienio, que le tomen residencia; quiso, volviéndose a Roma, fiar al viento las velas, y a su constancia fiar aquel apagado Etna

que va forjando en el alma
minas que tarde revientan;
pero el ligado velamen
aún no a los vientos entrega,
cuando a detenerle sale
Cleopatra en una galera.
Árboles de plata fina,
las gavias de oro, las cuerdas
trizas, escoltas, volinas,
de cordones de oro y seda.
La popa, ébano y marfil,
y en igual correspondencia
del terso cristal de roca
diáfanas las vidrieras.
Iba la chusma adornada
de mil recamadas telas,
a quien, aunque tarde, supo
perfeccionar la tarea.
Los soldados desta nave
cincuenta Cupidos eran
que a corazones de bronce
disparaban mil saetas.
En la cámara de popa
suavísimas sirenas
cantaban, amor, amor,
que esta era su dulce guerra.
Cleopatra, en un trono de oro,
cuyos diamantes pudieran
exceder cuantos el Sol
purifica y alimenta,
esperaba a Marco Antonio
pasó Marco Antonio a verla;
dijo, que de agradecido,
y yo le dije: no creas

que hay quien no teniendo amor
sepa agradecer finezas.
Trinaron suaves voces
mil amorosas endechas,
cuyo compás en las aguas
llevaba la palamenta.
Surgieron de allí distantes
presumo que media legua,
y en medio del mar estaban
fijas diferentes mesas
sobre una red, que en las aguas,
con tal artificio era
tejido metal en lazos,
de obra tan sutil, que al verla
sufrió el peso y no la vista,
que estaba esta red dispuesta
con fortaleza tan grande
y con tanta sutileza,
que la dudara la vista
si el tacto no la creyera.
Espléndida la vianda
colmó el día una menestra:
trujo deshecha en vinagre
la más rica y grande perla
que el exceso encareció;
el mar, que conchas platea,
perlas que engendró la aurora
legítimamente netas,
no produjo perla igual;
tanto, que se halló quien crea
que valía una ciudad;
y esta fue la vez primera
que en los méritos quedase
la comparación modesta.

Pez, escondido en las grutas;
ave, que el cielo penetra;
fiera, que el monte discurre;
fruta, que el árbol franquea;
raíz, que la tierra esconde;
manjar, que la gula inventa;
cristal, que el Sol purifica;
licor, que en los años medra;
destos dos dioses del mundo
fueron ambrosía y néctar,
delicias de los manjares,
viendo festiva a su reina,
(cómo es en las ocasiones
el que más se desenfrena)
pareciéndoles que ya
tiene amor Cleopatra, empiezan,
para hacer bien de las suyas,
a hacer mal de las ajenas.
La casta anciana, que estuvo
en su atención recoleta,
sabiendo lo que ha perdido
no quisiera ser tan vieja.
La viuda también buscaba
un sustituto que lea
en su cátedra del sexto
del propietario la ausencia.
En disolución tan libre,
trocados los frenos vieras
las solteras muy casadas,
las casadas muy solteras.
Tan iguales voluntades
corrieron en esta era,
que a más de cien mil Tarquinos
no se encontró una Lucrecia;

la tórtola enamorada,
la dulce paloma tierna,
por ser aves que amar saben,
las arrullan y gorjean;
la azucena y el jazmín,
símbolos de la pureza,
les daban humo a narices;
que solo del gusto eran
la hiedra, por ser lasciva,
por madre, la madre selva;
y si era ley en Egipto
que en fuego material muera
la mujer que tenga amor,
Cleopatra, menos atenta,
otra ley ha promulgado
para derogar aquella,
y es que saquen a quemar
a la mujer que no quiera;
Venus y Baco, dos dioses
de costumbres no muy buenas
Venus hizo dar traspiés,
Baco hizo dar tras cabezas;
en fin, Antonio y Cleopatra
en Alejandría entran
ya del pueblo murmurados,
que es quien antes los celebra;
Oh plebe, la dije entonces,
¿quién puede ser que te entienda?
Quéjaste si el Rey es bueno,
y si no es bueno te quejas;
mañana otra vez querrás
gozarte en delicias nuevas,
pues ni la virtud te agrada
ni del vicio te contentas;

a Marco Antonio Cleopatra
miraba muy fina y tierna,
y no con buena intención,
que cuando una mujer llega
a repasar a un galán
el talle, los pies y piernas,
de tener mucha atención
anda un poco desatenta;
mirábala Antonio, como
el que conocer desea
a alguna persona y no
acaba de conocerla,
llegaron a su palacio,
y para que desta guerra
durase la paz deseada,
solos los dos, sin que hubiera
quien mediase en estas paces,
entraron a asentar treguas;
los dos, dicen, que allá dentro
tuvieron mil diferencias
sobre el modo de la paz,
porque duró esta contienda
más de un mes, en que los dos
no salieron de una pieza,
hasta dejar de una vez
hechas las paces y treguas;
pues mirad si Antonio es muerto,
pues murió a la confidencia
de tu amistad, y mirad
si también Cleopatra es muerta
del amor...

Octaviano   Detén el labio,
miente tu atrevida lengua:

Antonio es mi fiel amigo;
yo adoro a Cleopatra bella;
para mí conquista Antonio
esta inexpugnable fuerza,
que con firmes desengaños
se fortalece y pertrecha.

Caimán   Él no sabe que la adoras.

Octaviano   Sabe el cielo, viento y tierra
que respira el alma mía
por los alientos de aquella.

Caimán   Pues Antonio fue traidor.

Octaviano   Es mi amigo.

Lépido   No lo creas,
porque en llegando al amor
no hay amigo que lo sea.

Caimán   ¿Quieres ver el desengaño?
a tu hermana que fue prenda
y premio de tu amistad,
repudiar quiere y intenta
darle la mano a Cleopatra.

Irene   Cierra el labio, infame, cierra,
que de tu boca atrevida
sabré arrancarte la lengua.
¿A mí despreciarme Antonio?
¿Cómo puede ser que sea
sacrificio de la sombra
quién fue de la luz ofrenda?

	Antonio me quiere a mí.

Caimán   Bien puede ser que te quiera,
            pero más quiere a Cleopatra.

Irene   Mientes.

Caimán   Y porque agradezcas
            mi lealtad...

Irene   Habla, ¿qué aguardas?

Caimán   Un mes ha que en esta selva
            estoy escondido, solo
            porque dije en su presencia
            que ¿por qué hacía contigo
            una ingratitud tan fea...

Irene   ¿Te quiso dar muerte?

Caimán   Sí.

Irene   Y dime, ¿sabe la Reina
            que es Marco Antonio mi esposo?

Caimán   No lo sabe.

Irene   Pues no creas
            que ella le quiere.

Caimán   Señora,
            sí le querrá; porque, él y ella,
            él está por ella ciego,
            y ella por él está tuerta.

	Ya estaba para decirle...
Octaviano	Calla, cobarde, la lengua.
Caimán	Pues yo me voy, déjame volver a buscarle.
Octaviano	Espera; ¿y adónde está Marco Antonio?
Caimán	Estará de aquí dos leguas en una quinta, a quien baten del mar las olas soberbias.
Octaviano	¿Sabrás guiarnos?
Caimán	Sí sé.
Octaviano	Pues por las puras estrellas que errantemente volando son celestiales cornejas, pues siendo del Sol su luz dan luz con la luz ajena...
Irene	Por esa antorcha segunda, que ya pálida o serena, oscurece siempre viva, está ardiendo siempre muerta, que he de dar sangrienta muerte...
Octaviano	Que he de dar la muerte fiera al ingrato amigo...
Irene	Al falso

	burlador de mi belleza.
Octaviano	Fálteme la luz del día.
Irene	El centro no me consienta.
Octaviano	Los cuchillos de hambre y sed
	no me maten y me hieran.
Irene	Sol y Luna me amenacen.
Octaviano	No me alumbren las estrellas
	hasta que en su roja sangre...
Irene	Hasta que hidrópica beba...
Octaviano	Apaguen su sed mis iras.
Irene	El rojo humor de sus venas.
Octaviano	Muera Antonio.
Irene	Muera Antonio.
Lépido	Supuesto que es una mesma
	causa la que de los dos,
	tú puedes marchar por tierra
	y yo por el mar ahora
	sitiaré la quinta.
Octaviano	Ea,
	Lépido, mi solo amigo,
	a embarcar.

Lépido	Desde hoy empiezan a vengarse mis desdenes.
Irene	Toca a marchar.
Lépido	Toca a leva; muerto Antonio, será mía Irene, aunque amor no quiera.

(Vase.)

Octaviano	Ve delante.
Caimán	Ya yo voy, seguidme.

(Vase.)

Octaviano	Irene, ¿qué esperas?
Irene	Seguiré tus pasos.
Octaviano	Ven.
Irene	Tu mismo enojo me alienta.
Octaviano	Muera ese traidor amigo que a los dos ofende.
Irene	Muera.
Octaviano	Celos y agravios me irritan.
Irene	Venganza y celos me llevan.

Octaviano	Ninguno fíe en amigo.
Irene	Ninguno en amantes crea.

(Salen por una puerta Lelio y Cleopatra; por otra puerta Marco Antonio y Octavio, capitán.)

Cleopatra	Dejadme, Lelio.
Lelio	Señora, mire vuestra majestad...
Marco Antonio	Dejadme, Octavio.
Octavio	Mirad...
Lelio	No os dejéis llevar ahora de una amorosa pasión.
Cleopatra	Ya os digo que me dejéis.
Marco Antonio	Idos.
Octavio	A Octaviano hacéis una ofensa, una traición.
Lelio	Que han de quitaros, pensad, el reino.
Cleopatra	Eso solicito; nunca reine yo en Egito y reine en mi voluntad. Esta es mi resolución.

Octavio	Tú, brazo de Febo y Marte, ¿del amor dejas llevarte?
Marco Antonio	Dices bien, tienes razón.
Lelio	Tú, que investaste el desdén ¿sujeta al amor tirano?
Octavio	¿Tú enemigo de Octaviano?
Cleopatra	Bien me dices.
Marco Antonio	Dices bien.
Lelio	El reino es más poderoso.
Octavio	Mira que Irene podría...
Marco Antonio	No será Cleopatra mía.
Cleopatra	No será Antonio mi esposo.
Octavio	Que han de dar la muerte advierte, a Cleopatra tus soldados.
Lelio	Tus soldados conjurados a Antonio quieren dar muerte.
Cleopatra	¿Como a tu advertencia tardo...
Marco Antonio	Tomar tu consejo quiero.
Cleopatra	Vete, Lelio.

Lelio	Aquí te espero.

(Vase.)

Marco Antonio	Vete, Octavio
Octavio	Aquí te aguardo.

(Vase.)

Marco Antonio (Aparte.)	(Temple el valor este fuego.)
Cleopatra (Aparte.)	(Hoy este volcán reprimo.)
Marco Antonio (Aparte.)	(Esto ha de ser, yo me animo.)
Cleopatra (Aparte.)	(Si esto ha de ser, yo me llego.)

Marco Antonio, honor de Europa,
infelice dueño mío,
espejo en quien se aliñaron
mis potencias y sentidos;
ya sabes que desde el día
que te vi quedó rendido
mi valor tanto a tu fama,
tanto a tu amor mi retiro,
mi desdén tanto a tu queja,
tanto a tu fe mi albedrío,
que en quererte y no quererte,
ya abrasados o ya tibios
los hizo estar más amantes
el mismo estar más remisos.

Y en un jardín una noche
que con sueño cristalino,
para murmurarnos luego
se hizo un arroyo dormido,
obligándome con ansias,
quejándote con cariños.
Atreviéndote con miedos,
llegándote con desvíos;
al verme a mí con desdenes
usados y no sentidos,
anduviste tan cortés
que no pareciste fino;
y aunque respeto es amor,
dije acá para conmigo:
el amor que está muy ciego
no es amor, que está muy vivo;
desde entonces, desde entonces,
mi memoria es mi enemigo,
no sé qué veneno al alma
se me entró de haberte oído;
que quejas a media voz
son los mayores hechizos,
pues mis ojos, que son tuyos,
envidiosos de haber visto
que no entrase amor por ellos
y entrase por los oídos,
con el oído trocaron
un sentido a otro sentido,
tanto, que oigo por los ojos
y miro por los oídos.
tú dijiste que me amabas;
yo te adoro, ya lo digo;
y aunque hago mucho en quererte
vengo a hacer más en decirlo.

ya, pues, cuando nuestro amor,
con estar muy ciego, quiso
que enmiende ciego himeneo
lo que erró sabio Cupido;
contra mí el reino conspira,
que es ley antigua en Egipto
que no puedan los romanos
casarse con los egipcios.
Y como violar no puedo
los estatutos antiguos,
y a tu vida, que es la mía,
amenazan dos peligros,
de perderte y de perderme,
una muerte y dos martirios;
vengo a rogarte, Señor,
con el llanto cristalino
que a mis temores congelo
y a tus ardores derrito,
que te vuelvas a tu reino,
que así por mi vida miro,
pues no puedo yo morir
sabiendo que tú estás vivo.
¡Oh, mal haya el cazador
que en el recatado nido
las tórtolas espantó
que amor unió pico a pico!
¡Mal haya el que astuto sabe
para que fallezca limpio,
poner en la verde gruta
lazos de arena al armiño!
huye, Señor, huye Antonio,
fía a los vientos el lino,
que si te faltaren ellos,
yo te enviaré mis suspiros.

Darte la muerte pretenden
mis vasallos ofendidos;
yo te pierdo, yo te adoro.

Marco Antonio   Señora...

Cleopatra   Ten el cuchillo
de tu voz, no me atraviesen
tus pasiones los sentidos,
que la venda de los ojos
me la pasaré al oído.

Marco Antonio   ¡Ay rosa, que brotó el Mayo
entre sangrientos espinos,
que ha enfermado de la noche
y no sanó del rocío!
¡Pluguiera a tus dulces ojos,
dioses que idolatro míos,
a cuyas aras rendí
deseos por sacrificios,
que ese fuese solo el mal
que yo siento!

Cleopatra   ¿Más activo
dolor que haber de perderme,
si quererte determino?

Marco Antonio   Ese mal tiene el remedio
dentro del mismo peligro.
si tienes para vasallos
a mi amor y a mi albedrío,
sustituye la corona
de Alejandría y Egipto,
a la de Roma que yo

pusiera a tus pies invictos,
si a no haber un grande riesgo,
huyendo a Roma conmigo
pudieras...

Cleopatra   ¿Mayor dolor,
más vivos tiene los filos
este cuchillo que dices?
Responde, Antonio.

Marco Antonio   Más vivos...

Cleopatra   Acaba, refiere el riesgo,
¿en qué te suspendes?

Marco Antonio   Digo
que Octaviano, ¡quién pudiera
decírtelo sin decirlo,
te quiere, y que yo te adoro,
que es mi amigo y yo su amigo,
que me ha fiado su amor,
que a Alejandría ha venido
a conquistar tu belleza;
y yo el conquistado he sido;
que será traición quererte,
que no quererte es delito,
que Irene, su hermana, es
mi esposa, que si prosigo
en solicitar tus ojos,
por cuyas luces respiro,
mis propios soldados son
los mayores enemigos,
si llevarte quiero a Roma
mi ruina solicito,

pues vengo a ser, si lo miras,
con los dos a un tiempo mismo,
con Irene, falso amante,
y con él, traidor amigo;
irme a los brazos de Irene
es morir en fuego tibio;
ir de Octaviano a la queja
es confesar mi delito;
a mí tus vasallos quieren
darme la muerte ofendidos,
irritados solicitan
darte la muerte los míos;
seguir tu amor es delito;
no quererte es inconstancia,
irme sin ti es darme muerte,
muerte es quedarme contigo,
pues qué he de hacer me aconseja
en extremos tan precisos,
pues quedándome te pierdo,
y yéndome te he perdido.

Cleopatra   Traidor, infame, villano,
romano, cruel, indigno
de adorar estos dos soles
que a tus ojos les permito,
de quien son devotamente
tantos corazones indios;
dime, ¿si desta hermosura
eres dueño tan preciso,
cómo atreviste tus lazos
para que no fuesen míos?
¿Cómo, ingrato, cómo pagas
cuando esta pasión te fío,
con unos celos villanos

un amor tan bien nacido?
Vivo yo, deidad humana,
diosa de los albedríos,
que pues celos me ocasionas
cuando mi amor significo,
que del puñal de los celos
has de estrenarte en los filos.
¿Tú no dices que no puedes,
no sé cómo lo repito,
dejar de querer a Irene?
Pues hoy de Octaviano admito
el amor para premiarle,
que pues tú mismo me has dicho
que falso adoras a Irene,
y que él me idolatra fino,
con dar a Octaviano el premio
te he de dar a ti el castigo,

Marco Antonio   ¿Decirte que la aborrezco
                   es para tu amor delito?

Cleopatra   Decirme que eres su esposo,
                   es decir que la has querido.

Marco Antonio   Y decir que a ti te adoro,
                   ¿no es decir que a Irene olvido?

Cleopatra   No me quieras; porque soy
                   tan vana, que no permito
                   que sea mi fino amante
                   el que no puede ser mío;
                   que aunque yo amante le adore
                   y él me adore más activo,
                   si de mis celos me abraso

de mi vanidad me entibio.

Marco Antonio   Yo quise a Irene, mas fue
antes que te hubiese visto;
vi tu hermosura, y quedé
a tu hermosura rendido.
No se estimara a la luz
a no haber sombra; el Sol mismo
a no venir tras la noche
no fuera tan peregrino.
¿Cómo estimará la rosa
quien no se estrenó en el lirio?
¿Cómo ha de extrañar el mar
quien no vio correr al río?
A no haber Diciembre helado,
¿qué fuera el Abril florido?
Todos los opuestos lucen
de los opuestos al viso,
la virtud virtud no fuera
a no ser contrario el vicio.
Luego a ti te está mejor,
que a otra sepa haber querido,
para que de aquella noche
seas el Sol, seas del lirio
clavel, de la sombra luz,
Abril del Diciembre frío,
mar de aquel río, y en fin,
seáis las dos, cuando os miro,
ella invierno, lirio y sombra:
tú Sol, mar, clavel y estío.

Cleopatra   Pues si has hallado la luz,
repudia la sombra.

Marco Antonio	Digo,
	que repudio la que llamas
	mi dueño, y a ti te admito.

| Cleopatra | Pues ya aborrezco a Octaviano. |

| Marco Antonio | Yo no tengo más amigo |
| | que a mi dama. Di, ¿qué haremos? |

Cleopatra	Que huyendo los dos de Egipto,
	por las provincias del Asia
	apelemos al asilo
	de los montes, y a que en ellos
	nos den las grutas abrigo.
	¿Qué reino como gozarte?

| Marco Antonio | Tu vasallo es mi albedrío; |
| | huyamos, Cleopatra. |

Cleopatra	Huyamos,
	pues en lecho cristalino
	descansa el Sol del afán
	con que visitó a los signos;
	y pues de esa hermosa quinta
	a este prado hemos salido
	a quien le dispara el mar
	trabucos de plumas rizos,
	sobre las inquietas olas
	de los vientos al arbitrio
	visitemos las provincias
	que el rumbo ha desconocido.

| Marco Antonio | Pues para que mis soldados |
| | no te den muerte, es preciso |

que vaya a avisar a Octavio
un capitán fidedigno
a quien fié este secreto
aquí has de esperarme.

Cleopatra   Hoy sigo
por el norte de tu amor
de tu verdad el camino.
¿Serás mi esposo?

Marco Antonio   Sí soy;
¿Me quieres?

Cleopatra   Tanto, bien mío,
desde ahora que en cierta parte
me he holgado de haber tenido
celos, que con solo amor,
tanto mi amor se ha encendido,
que como quererte más
era solo mi destino,
les agradezco a mis celos
todo esto que más te estimo

Marco Antonio   Y yo, Cleopatra, me huelgo
de haberte también oído
que a Octaviano has de querer
si te ofendo, que si píos
los luceros me influyeren
que te olviden mis designios,
de miedo de que le quieras
te querré siempre conmigo.

Cleopatra   Pues aquí te espero, esposo,
vete; y de paso te digo,

que a mujer que quieras bien
no digas inadvertido
que hay otro que la pretende,
que amor es todo delirios,
y no hay mujer tan constante
(yo que lo soy te lo aviso),
que le pese que la quieran,
que hay unos celos creídos,
y por venganza o por tema
habrá mujer de capricho
que premiará al que la quiere
por triunfar del que ha querido.

Marco Antonio	¿No hay riesgos en tu constancia?
Cleopatra	Mi fe y mi amor son testigos.
Marco Antonio	A solo tu premio anhelo.
Cleopatra	Solo a tu consejo aspiro.
Marco Antonio	Voy al mar.
Cleopatra	Aquí te aguardo, ve sin ruido.
Marco Antonio	Ansí te sirvo.
Cleopatra	Sin ti no quiero la vida.
Marco Antonio	Venga la muerte contigo.

(Vase.)

Cleopatra	En tanto que Marco Antonio
	vuelve, en el frondoso sitio
	que encubren aquellos sauces
	de aquel arroyo narcisos,
	quiero ocultarme, yo llego,
	pero aquí siento ruido,
	a estotra parte podré
	ocultarme, si benignos
	me permitieren los cielos
	lograr los intentos míos.

(Salen Octaviano, Irene y Caimán.)

Caimán	Llega paso y pisa quedo.

Octaviano	Ya piso con tal primor
	que los pasos de el valor
	parece que los da el miedo.

Caimán	La quinta es esta que os digo,
	y aquesta donde idolatra
	a tu enemiga Cleopatra
	Marco Antonio, tu enemigo;
	esta es su campaña amena,
	y este es un monte eminente
	a quien el mar obediente
	besa las plantas de arena.

(Pisando quedo.)

Irene	Bien mi industria se previene;
	vengareme de un villano.

Caimán	Llega, César Octaviano,

	llega, bellísima Irene.
Cleopatra	¡Hay más infeliz estrella! ¡Más sospechas en que pene! aquella voz dijo Irene, Octaviano dijo aquella. ¿Cómo aquí, divinos cielos mis contrarios han venido? Luego dejará el oído de encontrarse con los celos.
Octaviano	Dime, Caimán, ¿no fue aquí donde osada y valerosa me dio la batalla?
Caimán	Sí.
Octaviano	¡Cielos, mis celos vengad!
Irene	Pues la Luna se escondió, di, ¿por dónde podré yo embestir a la ciudad? que el vencimiento seguro mis crueldades amenazan.
Octaviano	¿No ves que el aire embarazan las presunciones del muro?
Caimán	Por estas sendas mayores guíe tu enojo a tus pies; porque en el prado que ves hay más áspides que flores. Por dónde pisas advierte, lleva atentos los recelos.

Irene	Más áspides son mis celos y no me han dado la muerte.
Octaviano	Varias voces ha escuchado mi cuidadosa atención; ¿qué luces distantes son las que se ven en el prado?

(Luces dentro.)

Caimán	En día tan singular tan común es la alegría, que anda suelta Alejandría y no hay quien la pueda atar. A cuanto se ve de aquí todo tu cuidado atienda; allí hay música y merienda, baile allí, juegos allí. No hay quietud que no retoce, aquel de ochenta, se pierde por salir a darse un verde con la muchacha de doce. Mira aquella vieja lince que con rostro arrebolado sale a darse un colorado con el muchacho de quince. Ella hacer trampas intenta, que ha de engañarle recelo; ¡oiga, el diablo del mozuelo, que, bien juega a las setenta! Aquella dama avestruz tres digiere y a uno ama; ¡Oh, cuál será aquella dama,

pues aquel mata la luz!
¡Qué pocos galanes nones
olvida el amor cruel!
¡Qué mala razón da aquel
de haber hecho mil razones!

Octaviano

Entre estos frondosos ramos,
partos de la ruda arena,
una voz pienso que suena;
oigamos, Irene.

Irene

          Oigamos.

Cantan (Dentro.)

La Venus de Alejandría
y el romano más dichoso,
bebiéndose están amantes
las dos almas por los ojos.
De Octaviano, que es su amigo
faltó a la fe y al decoro,
que en estando el amor ciego
no ve al amistad tampoco.

Octaviano

Por eso indignado y fiero,
como es tanta mi pasión,
para esa ciega traición
traigo yo lince el acero.

Cantan (Dentro.)

Repudió a Irene, su esposa,
en sus brazos amorosos:
ya es Antonio de Cleopatra
y ya es Cleopatra de Antonio.

Irene

Pues vengarme dél espero;
Antonio aleve y tirano,

	que si me faltó tu mano,
	no me faltará mi acero.
Cleopatra	¡Oh voz, corrige el error
	con que irritas mis desvelos!
	Si no sabes de mis celos,
	¿por qué me cantas mi amor?
Octaviano	Voz, no penetres veloz
	el uno y otro sentido.
Irene	¡Que se críase el oído
	para sufrir esta voz!
Octaviano	Lépido parece ya
	que a las naves embistió.
Irene	¿Iré al muro?
Octaviano	Irene, no.
(Fuego dentro.)	
Irene	Ardiendo la mar está
	en llamas accidentales;
	un volcán la playa es.
Octaviano	Pues embistamos los tres
	ciudad, quinta y mar iguales.
Caimán	Ya es tiempo de huir.
Irene	Tirano,
	cobrar la venganza juro.

Octaviano	Irene, acomete al muro.
Irene	A abrasar la quinta, hermano.
Octaviano	Pues con tus soldados parte; ea, Irene, ve a embestir.
Caimán	Ea, gran Caimán, a huir.
Irene	Ea, Octaviano, a vengarte.
(Vanse los tres.)	
Cleopatra	Ejército numeroso ocupa la tierra y mar. ¿Adónde podré encontrar a Marco Antonio, mi esposo? Arde el mar en humo ciego
(Fuego dentro.)	¿Esposo? ¿Antonio? ¿Señor? Mariposa es el amor que va a morir en el fuego. Aquí con nueva crueldad mayor incendio te aviva.
Octaviano (Dentro.)	No quede persona viva, toda la quinta abrasad.
Cleopatra	Allí Octaviano también feliz vence y riguroso; no fueras tú tan dichoso, si yo te quisiera bien.
Irene (Dentro.)	Dar la venganza a los cielos

de mi traición aseguro.

Cleopatra   Irene abrasa allí el muro,
                     fácil es, que lleva celos;
                     murió Antonio, que la herida
                     desta mi pasión advierte
                     que está cercana su muerte
                     pues que se acaba mi vida.
                     Ruego a los cielos, pues ya
                     no hay más riesgo en que pene,
                     que sea quien te hallare Irene,
                     que ella no te matará.
                     Otra vez quiero intentar
                     mover al viento veloz;
                     mas que no tengo ya voz
                     para poderle llamar.
(Recio.)   ¿Antonio? el hallarle ha sido
                     En vano, no me oirá,
                     a la distancia que habrá
                     desde mi voz a su oído.
                     Todo en torno mío calla.
(Recio.)   ¿Antonio? ¿Esposo? ¿Señor?

(Sale Marco Antonio con la espada desnuda.)

Marco Antonio   ¡Que pueda tanto mi amor
                     que dejase la batalla!
                     ¿Que dejar vencida aguarde
                     mi gente, y que amor intente
                     hacer cobarde al valiente
                     si hizo al valiente cobarde?
                     Su voz oí, y mi dolor
                     es el que me hace volver:
                     o esta voz debe de ser

conjetura del temor.
Mas para librar su vida
dejo, allí la he de librar,
en las orillas del mar
una nave prevenida.
¿Cleopatra?

Cleopatra   ¿Antonio?

(A la par estas dos voces, con que no se oye ninguno.)

                              Yo he oído
mi nombre al viento veloz;
¡qué infeliz anda mi voz,
pues la embaraza mi oído!

Marco Antonio   Adonde mis voces van
otras se impiden veloces.

Cleopatra   Otra vez pruebo las voces.

(A la par.)

Marco Antonio   ¿Cleopatra?

Cleopatra   ¿Antonio?

(Salen Lelio y Octavio, capitán, con dos hachas.)

Los dos   Aquí están.

Cleopatra   ¿Esposo?

Marco Antonio   Norte a quien sigo...

Cleopatra	¿Lelio?
Marco Antonio	¿Octavio?
Octavio	¿Cómo aquí?
Cleopatra	¿Vienes a buscarme?
Lelio	Sí.
Octavio	Ven conmigo.
Lelio	Ven conmigo.
Cleopatra	¡Qué riesgo!
Marco Antonio	¡Qué pena igual!
Cleopatra	Al que he sentido...
Marco Antonio	Al que lloro...
Cleopatra	Al que he dudado...
Marco Antonio	Al que ignoro...
Octavio	Mayor daño...
Lelio	Mayor mal...
Marco Antonio	Si espera la nave allí, seré amante el más dichoso.

Cleopatra	Si puedo huir con mi esposo, no hay desdicha para mí.
Octavio	De Lépido a la crueldad la nave vino a abrasarse.

(El uno habla con Cleopatra, y el otro con Marco Antonio.)

Lelio	La ciudad quiere entregarse si no entras en la ciudad; mira que están conjurados.
Octavio	Haz que tu valor se aliente.
Marco Antonio	Vamos a ayudar tu gente.
Cleopatra	Ven a ayudar tus soldados.
Lelio	Advierte, Señor...
Octavio	Advierte...
Lelio	Que si tu amor la idolatra...
Octavio	Que han de dar muerte a Cleopatra.
Lelio	Que han de dar a Antonio muerte.
Cleopatra	Donde tú fueres, es bien que yo muera valerosa.
Marco Antonio	Adonde fuere mi esposa tengo de morir también.

Lelio	Sane agora tu valor esta penetrante herida.
Octavio	No hacer caso de la vida es no estimar el amor.
Lelio	Diez mil hombres tu ira tiene.
Octavio	Dos mil soldados te esperan.
Marco Antonio	Lépido y Irene mueran.
Cleopatra	Muera Octaviano y Irene.
Marco Antonio	No quiero, esposa, pues arde en mi esta ira prudente, si me has querido valiente, que me aborrezcas cobarde.
Cleopatra	Ni yo he de querer ahora, puesto que importa mi vida, que me aborrezcas vencida pues me amaste vencedora.
Octavio	Pues de tu triunfo blasona.
Lelio	Defiende tu muro pues.
Marco Antonio	Yo pondré el mundo a tus pies.
Cleopatra	Yo en tus sienes mi corona.
Marco Antonio	Ea, valiente deidad.

Cleopatra	Pues ea, Antonio valiente, ve a socorrer a tu gente.
Marco Antonio	Ve a socorrer tu ciudad.
Cleopatra	Pues voyme, si esto ha de ser.
Marco Antonio	Digo, que voy temeroso.
Cleopatra	Habla, ¿qué temes, esposo?
Marco Antonio	Temo que no te he de ver, que somos tan desdichados...
Cleopatra	Mi constancia te aseguro.
Lelio	Mirad que se rinde el muro.
Octavio	Mira que huyen tus soldados.
Marco Antonio	Valor este acero tiene.
Cleopatra	Ya sabe vencer mi mano.
Marco Antonio	Mira no te halle Octaviano.
Cleopatra	Mira no encuentres a Irene.
Octavio	Octaviano allí se advierte.
Lelio	Irene allí va a embestir.
Marco Antonio	Pues a matar o morir.

Cleopatra	A matar o a darme muerte.
Marco Antonio	¡Amor, hazme venturoso!
Cleopatra	¡Celos, hacedme dichosa!
Marco Antonio	El cielo te guarde, esposa.
Cleopatra	El cielo te guarde, esposo.
	Fin de la segunda jornada

Jornada tercera

(Al ruido de guerra tocan al arma, y dicen dentro.)

Libia	Muera César Octaviano.
Irene	La reina Cleopatra muera.
Cleopatra	Dad la muerte a Irene fiera.
Marco Antonio	Muera Lépido, el romano.
Octaviano	Hoy probará mi castigo.
Irene	Monte y prado y ciudad arda.
Octaviano	No huyas, soldado, aguarda.
Caimán	No puedo yo más conmigo.
Irene	Vuelve a la batalla pues.
Octaviano	Si no quieres embestir, haz fuerza para no huir.
Caimán	Señor, se me van los pies.
Octaviano	Lépido va derrotado.

(Sale Caimán.)

Caimán   A socorrerle me arrojo;
en no siendo un hombre cojo,
muy bien puede ser soldado;

el monte mi abrigo es,
un ave soy por mi mal
que nadie la ha visto tal,
que soy gallina montés;
callando aquí como un monje
la lid sangrienta veré,
no hay mayor contento que
ver una batalla a longe;
del que embiste y se retira
aquí daré testimonio;
lindo tahúr es Antonio,

(Tocan.) con todo el mundo se tira;
Octaviano, airado y ciego,
tira, aunque más la idolatra
a la gente de Cleopatra
cuchillada de manchego;
mas Irene el suyo atiza,
y Cleopatra, ¡mal osados!
con dos mil huevos soldados
ha de dar en la ceniza,
Lépido volcanes fragua,
en el mar, Alcides nuevo,
también es soldado huevo,
que anda pasado por agua
Antonio en su capitana,
porque su gente se aburra,
les da una famosa zurra
encima de la badana;
yo rabio, yo me endemonio,
que ya no tengo temor
por ir, pues va vencedor,
a ayudar a Marco Antonio;
pero Caimán, ten sosiego,
oye agora, mira y calla,

que es vinagre una batalla
y suele torcerse luego;
pero súplanme este error
por esta verdad divina;
verdad es que soy gallina,
mas para eso soy traidor;
pues ser gallina no dudes,
Caimán, sigue tu ejercicio,
que no te importa este vicio
teniendo estotras virtudes;
de Irene allí la crueldad
ninguna crueldad iguala,
y sin pagar alcabala
se va entrando en la ciudad
la vitoria tiene cierta;

(Tocan.) Antonio, y Cleopatra, airada,
pienso que la ha hecho cerrada,
y Octaviano la ha hecho abierta;
y en la ciudad con tal brío
entra, y tal resolución,
como juez de comisión
en lugar de señorío;
ya está echado el primer fallo;
famosa ocasión perdí;
la reina Cleopatra allí
viene huyendo en un caballo
hacia este monte: recelo
que huye también como yo;
el caballo tropezó;
matose.

(Sale Cleopatra, tropezando con arco y flechas.)

Cleopatra   ¡Válgame el cielo!

Caimán	Levanta, Reina, si quieres librarte.
Cleopatra	¿Quién eres, di?
Caimán	Un hombre que estaba aquí esperando a que cayeras.
Cleopatra	Di en la arena: más dichosa no ha podido ser mi suerte.
Caimán	Por poco das con la muerte.
Cleopatra	No soy yo tan venturosa; dejadme, cielos, que pene con sentimiento inhumano, no que me venza Octaviano, sino que me venza Irene; mas si Antonio con rigor aborrece tu beldad, triunfa tú de mi ciudad y triunfe yo de su amor. ¿Hombre?
Caimán	Caimán soy.
Cleopatra	¿Tú eres? ¿Dónde está Antonio?
Caimán	En el mar, y a tu lado me has de hallar para huir donde quisieres.

Cleopatra	Di si ha vencido, si sabes dar a mi mal un remedio.
Caimán	A Lépido abrió por medio una docena de naves.
Cleopatra	De sangre el campo se baña
Caimán	Mis enemigos mayores hoy se han vuelto corredores, no de lonja, de campaña.
Cleopatra	Ya parece que triunfante le está el prado obedeciendo
Caimán	Si no es los que van huyendo, nadie se pone delante.
Cleopatra	Pues irme con él espero a templar esta pasión, pues tan dichosa ocasión me ha querido dar el cielo; no pudo la suerte agora trocar su curso enemigo; Antonio, ya voy contigo.
Caimán	Oye, espérate, Señora.
Cleopatra	No se pase mi fortuna; tenerme piensas en vano.
Caimán	Las escuadras de Octaviano le acometen una a una.

Cleopatra	Pues yo le voy a ayudar que así mi vida remedio.
Caimán	Irene se ha puesto en medio y ya no puedes pasar.
Cleopatra	Yo voy.
Caimán	Detente, Señora, que es ya tu muerte precisa, y no es la vida camisa que se muda cada hora.
Cleopatra	¡Oh fortuna, cómo irritas con lo que obligado estás! Si has de quitar lo que das, ¿para qué das lo que quitas? Mi deseo, dulce esposo, es quien malogra tu suerte, ¡quien pudiera aborrecerte para hacerte venturoso! La fortuna se ha trocado, ¡oh cielos, siempre enemigos!
Marco Antonio (Dentro.)	No huyáis, soldados amigos.
Caimán	Sí huyáis, amigos soldados alguna flecha veloz mira no te encuentre acaso.
Irene (Dentro.)	Atajad a Antonio el paso.
Cleopatra	¿Qué flecha como esta voz?

108

Caimán	Entrarme en la lid prevengo,
	si antes corrí como galgo,
	y ahora que ha escampado salgo,
	que yo con quien vengo vengo.
	¡Viva Irene y Octaviano!

Cleopatra	¡Quién te pudiera matar!
	Irene quiere atajar
	en la orilla del mar cano
	a Antonio; ¡fuerte pasión!
	¡Oh cielos, quién la matara!
	¡Oh si esta flecha acertara
	al blanco del corazón!

(Dispara una flecha al vestuario.)

Mas la indignación erró
de mi ira mal satisfecha
a Irene tiré la flecha,
y a Marco Antonio acertó.
¡Mayor pena, más dolor!
¿Que permitiesen los cielos
que la tirase a los celos,
y me diese en el amor?
En el suelo cayó herido,
y Irene matarle quiere,
y no le halla; si valiere
desta leona el bramido,
más amorosa, más fiera
le voy a resucitar,
o he de arrojarme en el mar
si le ha dado muerte.

(Al entrarse sale Marco Antonio, con la espada quebrada y herido con una flecha.)

Marco Antonio   Espera,
                                 el llanto y la pena deja,
                                 que tu dolor aconseja,
                                 dulce y airada homicida,
                                 que si enfermé de tu herida,
                                 ya he sanado de tu queja.
                                 ¿Tú eres quien me heriste?

Cleopatra   Sí,
                                 primero muriera aquí.

Marco Antonio   Pues cuándo, si lo reparas,
                                 las flechas que tú disparas
                                 no me han penetrado a mí?

Cleopatra   Venciome Octaviano airado.

Marco Antonio   Irene de mí ha triunfado.

Cleopatra   ¡Oh fortuna rigurosa!
                                 tú me has hecho más hermosa,
                                 y yo a ti más desdichado.

Marco Antonio   ¡Airado el cielo maldiga
                                 la cruel mano enemiga
                                 del villano labrador
                                 que no perdonó la flor
                                 yendo a castigar la espiga

Cleopatra   Pues mi fortuna no medra,
                                 no tenga en la suya medra

110

	el que degolló arrogante
	al olmo verde gigante
	por las culpas de la hiedra.
Marco Antonio	Mátele otra fiera ardiente
	al que cautelosamente
	estorbó fiero animal
	la fatiga del panal
	a la abeja diligente.
Cleopatra	En fin, ¿por mi causa mueres?
Marco Antonio	Tú mi suerte y mi luz eres;
	esa es, Cleopatra, mi dicha.
Cleopatra	En que tienes mi desdicha
	echo de ver que me quieres.
Octaviano (Dentro.)	Buscadla en el monte.
Irene (Dentro.)	Al llano.
Marco Antonio	Escaparnos es en vano.
Octaviano (Dentro.)	Antonio entró en la espesura.
Cleopatra	Allí Irene te procura.
Marco Antonio	Allí te busca Octaviano.
Cleopatra	Pues desde esta roca quiero
	arrojarme al mar primero,
	porque mi valor me esfuerza
	a no rendirme a una fuerza,

ya que me rendí a un acero.

Marco Antonio   Pues para que mi enemigo,
cuando tus dos soles sigo,
no pruebe en su amor sus lazos,
esposa, dame los brazos,
que voy a morir contigo.

Cleopatra   La mar nos guarda espumosa.

Marco Antonio   ¡Suerte hay más rigurosa!

Cleopatra   ¡Amor el más inhumano!
ea, ¿no me das la mano?

Marco Antonio   Y el alma con ella, esposa.

Cleopatra   Di, ¡quién puede ser aquel
que estorbe amor tan fiel?

Marco Antonio   ¿Quién impedirá este amor?

(Vanse a abrazar.)

(Salen por dos puertas Irene y Octaviano, y toma Irene de la mano a Marco Antonio, y Octaviano a Cleopatra.)

Irene   Yo le impediré, traidor.

Octaviano   Yo lo estorbaré, cruel.

Marco Antonio   ¿Hay más riesgos en que pene?

Cleopatra   Siempre un mal tras otro viene.

Marco Antonio	Quejareme a amor tirano.
Cleopatra	Suéltame, César, la mano.
Marco Antonio	Suéltame la mano, Irene
Octaviano	Ingrata, a la luz que bella, si en tu mano está mi estrella, con ella me he de vengar.

(Sacan las dagas Irene y Octaviano.)

Irene	Mi mano te he de dejar para matarte con ella.
Octaviano	Muera un amigo que fue.
Irene	Muera este traidor que ha hecho...
Octaviano	Detén, Irene, el puñal.
Irene	Suspende, hermano, el acero.
Octaviano	Yo he de dar la muerte a Antonio, cobrar la venganza debo de una traición y un agravio de mi amor.
Irene	Yo de un desprecio.
Marco Antonio	Dadme a un tiempo los dos muerte, que aunque os indignéis, sospecho que no me podréis matar

	solo porque lo deseo.

Cleopatra

Pues ya que darle una muerte
intentéis, yo os aconsejo,
que Irene dé muerte a Antonio,
y a mi Octaviano, que es cierto,
que quien a mí me dé muerte,
da muerte a Antonio, supuesto
que son mi vida y la suya
una vida en dos sujetos;
pues en las dos vuestras vidas
aprovechen el acero;
en él, porque te ha ofendido,
y en mí porque te aborrezco.

Octaviano

Tú, Cleopatra, me aborreces
por estrella, y yo no puedo
hacer que me quieras bien;
pero puedo, por lo menos,
dar muerte a un traidor amigo
que al fiarle mis secretos
traidor del alma usurpó
los tesoros de mi pecho;
si le doy la muerte airado,
de mí es de quien más me vengo,
pues dándote a ti la muerte
me doy la muerte a mí mesmo:
pues él muera y vive tú,
pues desta suerte aprovecho
a mi amor esta experiencia
y a su traición este ejemplo
muere, infame.

Irene

Tente, aguarda.

114

Mi esposo es este y mi dueño,
y pues de su amor te acuerdas,
acuérdate de mis celos;
Cleopatra muera y él viva,
quítale tú este contento
de ver que vive quien quiere,
y déjame este consuelo,
que con quitarle la vida
no me evitas el desprecio;
muera de mí despreciado
el falso Antonio viviendo,
perdona tú su traición.
Que no estarás satisfecho
tanto en matar un traidor
como en que conozca el pueblo
que hiciste, como quien eres,
si él como traidor ha hecho.

Marco Antonio   Dareme yo a mí la muerte.

Octaviano   Traidor, falso compañero,
ya que hiciste la traición
no confieses que la has hecho.

Cleopatra   ¿Pues qué traición hizo Antonio
en quererme? ¿puede él mesmo
hacer violencia a su estrella?

Octaviano   No; mas puede hacer esfuerzos
para no amarte, y Antonio
te adora con tanto exceso
que sacrifica a tu oído
las víctimas del silencio.

Irene	Y di, contra mi belleza, ¿cómo atreviste el desprecio de procurar estos lazos, que tú procuraste estrechos?
Marco Antonio	El ejemplo está a los ojos, si quieres ver el ejemplo; nace ciego un hombre y oye decir que hay Sol en el cielo, cobra de noche la vista, y al cobrarla, lo primero que ve en el cielo es la Luna; este es el Sol, dice luego, que tan hermoso le tuve presumido en mi concepto; sale luego el Sol hermoso, y al mirar sus rayos bellos todo un sentido le deja de admiraciones suspenso; olvídase de la Luna, y al ver sus rayos primeros repudia como confusos los que idolatró serenos; ciego fui, cobré la vista, Luna fuiste de mi cielo, juzguete Sol por entonces, salió otro Sol más perfecto; yo te admiré, no lo dudo, rayos tienes, no lo niego, tiénelos el Sol más claros; y así, Irene, ten por cierto que he de adorar este Sol o he de volverme a ser ciego.

116

Irene	Yo te quitaré los ojos.
Octaviano	Tente, que vengarme espero
	con la más nueva venganza,
	con el más raro tormento
	que puede humana pasión
	aconsejar al desprecio;
	en ese hermoso castillo,
	antes de Egipto, y ya nuestro,
	de ti el más cruel alcaide
	será Antonio el prisionero;
	yo a la tienda de campaña
	que en ese monte soberbio
	la defienden de la vista
	las murallas de esos fresnos,
	quiero llevarme a Cleopatra,
	donde a los cielos prometo
	hacerla posible mía,
	a la violencia o al ruego;
	tú harás que segunda vez
	te solicite tu dueño
	dando en decentes disculpas
	amorosos escarmientos;
	si él, negado a tus pasiones,
	si ella, esquiva a mis afectos.
	ni él reduce su inconstancia
	ni ella templare mi incendio,
	mueran ausentes los dos
	al cuchillo de los celos,
	pues ve ella que tú le adoras
	y él sabe que yo la quiero;
	no hay amante que no sea
	desconfiado, y así es cierto
	que Cleopatra ha de pensar,

si tiene el amor atento,
que es fácil volver a amar
lo que se adoró primero;
y él presumirá también,
si como es amante es cuerdo,
que hará tal vez la porfía
lo que no hiciera el deseo
su desconfianza los hiera,
no el puñal los mate luego,
que tiene muy embotados
la sospecha los aceros;
y ya que esto no se logre
no se gocen por lo menos
la dolencia de no verse
escarmiente su amor ciego;
límite tiene el amor,
término tiene su imperio,
mudanza hay en Sol y Luna,
variedad en los luceros
mañana aborrecerá
Lo que agora está queriendo,
y él podrá ser que se acuerde
de la que le quiso un tiempo;
con que vendremos los cuatro
yo a vivir con el consuelo
de procurar dueño mío
al que he consultado ajeno;
tú a vengarte de una ofensa,
él a adolecer de un miedo,
yo a sanar de una esperanza
y ella a morir de unos celos.

Irene   Bien dices, ven al castillo.

Cleopatra	Échaste a perder con eso, que le tengo más amor en viendo que no le tengo.
Octaviano	Ven a mi tienda.
Marco Antonio	¿Qué importa querer apartar el fuego, si el quererle hacer menor es hacerle más inmenso?
Octaviano	Eres traidor.
Marco Antonio	Soy amante.
Irene	Eres mi esclava.
Cleopatra	No puedo, que Antonio, que es dueño mío, me ha puesto en el alma hierros.
Octaviano	¿Qué se ha hecho tu fortuna?
Irene	¿Tu honestidad qué se ha hecho?
Marco Antonio	¿Pues cómo he de ser dichoso si he confesado que quiero?
Cleopatra	¿Cómo ha de tener templanza quien tiene conocimiento?
Octaviano	Mía serás.
Cleopatra	Soy de Antonio.

Irene	Sígueme.
Marco Antonio	Morir deseo.
Cleopatra	Adiós Antonio.
Octaviano	No le hables.
Marco Antonio	¿Cleopatra?
Irene	Quéjaste al viento.
Octaviano	Yo rendiré su valor.
Irene	Yo sabré templar su incendio.
Cleopatra	No dudes de mi constancia.
Marco Antonio	No tengas de mí recelos.
Irene	Cuchillo hay para esa injuria.
Octaviano	Puñal hay para este esfuerzo
Cleopatra	Tuya soy, esposo mío.
Marco Antonio	Tuvo soy, infeliz dueño.

(Vanse Antonio y Irene por una parte, y los dos por otra.)

Sargento (Dentro.)   Vaya el gallina a la playa,
que en el rancho no ha de estar;
váyase el galgo a cazar.

(Salen Sargento y Caimán.)

Caimán   Vaya norabuena.

Sargento   Vaya,
                vaya el que huyó en la presencia
                de todos.

Caimán   Señores, quedo;
                tomé por purga ruimiedo,
                y diome luego correncia.

Sargento   La liebre se vaya al prado,
                que allí hay bien donde correr.

Caimán   Por eso no puede ser
                un hombre de bien soldado;
                señores, no huí de vicio,
                y culparme no es razón,
                estaba un poco holgachón
                y fuime a hacer ejercicio.

Sargento   ¿Ha señor soldado broma?

Caimán   Señores soldados nuevos.

Sargento   Póngame aquí un par de huevos.

Caimán   Sí haré, como se los coma.

Sargento   Huya usted.

Caimán   Ya tengo cuenta;

desta playa quiero irme.

Sargento   Señor Caimán, ¿quieres huirme
                  una batalla a las treinta?
                  ¿Saltamontes?

Caimán   ¿Qué me quieres?

Sargento   ¿Saltamontes?

(Vase.)

Caimán   Bueno está;
                  éste mi nombre será
                  para mientras yo viviere;
                  con muy honrado renombre
                  desta batalla he quedado.
                  ¡Desdichado del soldado
                  a quien le ponen un nombre!
                  Pan un soldado pidió,
                  y a un amigo muy seguro
                  le dijo: ¿tenéis pan duro?
                  y pan duro se quedó;
                  dio con un chuzo un soldado
                  a otro un golpe, y otro habló,
                  ¿con la punta? y dijo él, no,
                  con la porra le ha pegado
                  y fue tan grande la zorra
                  que todos con él tomaron,
                  que desde allí le llamaron
                  a una voz, daca la porra.
                  Entro por aquí, por ver
                  si aquí no soy conocido;
                  gente viene y hay gran ruido

(Escóndese.)

(Salen Lépido, Lelio y Octavio.)

Lépido	Desta manera ha de ser, atentamente escuchad.
Octavio	¿Lo que intentas no sabré?
Lelio	Habla.
Lépido	Yo os lo contaré, pisad quedo y escuchad ya sabéis que Marco Antonio me venció en el mar salado, y ya sabéis que por tierra triunfó de Antonio Octaviano; ya sabéis que quise a Irene.
Lelio	Fue influencia de los astros.
Lépido	Pues viendo que ella desprecia un amor que ha tantos años que es roca a su residencia, a su constancia peñasco; vengo a hacer el mayor hecho que en hojas de bronce y mármol a la memoria esculpieron Scipiones y Alejandros.
Octavio	¿Vienes a robar a Irene?
Lépido	Ya mi amor está templado,

y no quiero yo mujer
que solicita otros brazos,
que cuando llegue a los míos,
si se acuerda del que ha amado,
será forzoso el cariño
y violento el agasajo.

Lelio   ¿Qué intentas?

Lépido   Vengarme della,
y vengarme de Octaviano;
dél, porque le dio a su hermana,
della porque ha despreciado
mis finezas.

Octavio   ¿De qué suerte?

Lépido   Pisad quedo, y venid.

Lelio   Vamos.

Lépido   Yo he de librar a Cleopatra
y Marco Antonio, si el hado
me permitiere benigno
ver mis intentos logrados.

Octavio   ¿De qué suerte?

Lépido   A ese castillo,
donde Irene está apostando
un ruego a una resistencia,
y una confianza a un agrado,
envié un soldado esta noche
que atrevidamente cauto

le diese a Antonio un papel
donde digo que le aguardo
en el mar con una nave
en que le ofrezco el amparo
de un amigo, si hay amigos
para un hombre desdichado;
joyas le envié también,
por si con ellas acaso
pudiese doblar las guardas,
y otro papel he enviado
a Cleopatra, y un vestido
de hombre, con que disfrazando
la voz y el traje, podrá
huir desde el monte al prado.

Octavio   ¿Qué intentas con eso?

Lépido   Intento,
que ni Irene ni Octaviano,
ni él logre aquel Etna ardiente,
ni ella aquel volcán helado;
para que todos a un tiempo
una experiencia tengamos
del fuego ella en que me quemo,
él del hielo en que me abraso,
yo de una venganza honrosa,
y porque no sean entrambos,
Cleopatra tan infeliz
ni Antonio tan desdichado.

Lelio   ¿Sabe Cleopatra que a Antonio
avisaste?

Lépido   Ya han llegado

	las dos espías, y dicen
	que ya a los dos avisaron.
Lelio	¿Saben el sitio en que aguardas?
Lépido	Sí saben; con cien soldados
	tú a Antonio en aquel margen
	que riega ese arroyo manso,
	y tú puedes a Cleopatra
	esperar con otros tantos,
	que yo parto a prevenir
	la nave.
Octavio	¿Pues qué esperamos?
Lelio	A obedecerte partimos.
Octavio	Ley es en mí tu mandato.
Lelio	Débate Egipto ese triunfo.
Octavio	Débate Roma ese aplauso.
Lépido	De Irene me he de vengar.
Lelio	Vengaraste de Octaviano.

(Vanse Lelio, Lépido y Octavio.)

Caimán	¿Qué he de hacer deste secreto,
	que le tengo atravesado
	en el corazón, y está
	dando en el pecho mil saltos
	por salirse? ¿pero yo

había de ser silbato?
ser ladrón, vaya, que en fin
es oficio aprovechado
ser gallina no es peor,
que como un hombre sea sano,
aunque ande con mil valientes
vivirá ducientos años;
pero soplón, eso no,
allá se lo haya Octaviano,
con sus celos se lo coma,
huyan los amantes caros,
que todo lo que es huir
cuando sea necesario
me parece a mí de perlas,
de diamantes y topacios;
ahora bien, en este suelo,
pues que la noche ha cerrado,
presumo dormir agora
tan rendido como largo;
que mi sargento me ha dicho
que he de hacer la posta al cuarto
postrero, y yo quiero agora
dormir en todo este ochavo;
aquí en la playa del mar
tengo de asentar mi rancho,
que corre aquí un vientecillo
tanto como yo, y es harto
sueño de marido pobre
tengo; ahora bien, durmamos,
que yo he cobrado ya fama
para estar durmiendo un año.

(Sale Cleopatra, con un vestido de hombre debajo del brazo, en lo alto de un peñasco.)

Cleopatra	Con lo oscuro de la noche
	desta tienda de Octaviano
	sin que su oído me atienda
	he salido a este peñasco
	a ponerme este vestido
	de hombre, que Lépido ha enviado.
	¡Qué callada está la noche!
	¡El inquieto mar qué manso!
	¡Esta maleza qué oscura!
	¡Todo aquel monte qué opaco!
	¿Cómo me podré librar?
	Si irme en este traje aguardo,
	no podré, que está cubierto
	de centinelas el campo;
	si aquí me estoy, es posible
	que si despierta Octaviano
	se malogre mi esperanza.
	¿Qué haré, cielos soberanos,
	pues tan cerca de la dicha,
	tan lejos del bien me hallo?

(Sale el Sargento.)

Sargento	Aquí pienso que bajó
	Caimán, y aunque le he avisado
	que ha de hacer posta, sospecho
	que se habrá ido; roncando
	está en la playa. ¿Ha Caimán?

| Caimán | ¿Quién me llama? |

| Sargento | Yo le llamo; |
| | venga a hacer la posta. |

Caimán	Posta,
	tan bien como todos la hay
	cuando me importa.
Sargento	Así es;
	pero venga a hacer el cuarto
	de la modorra.
Caimán	¿Qué nombre
	es el que me da?
Sargento	Octaviano.
Cleopatra	¿Octaviano dio por nombre?
Caimán	Vamos, señor sargento.
Sargento	Vamos.
Caimán	Si a hacer la modorra voy,
	yo me dormiré en llegando.

(Vanse el Sargento y Caimán.)

Cleopatra	Parece que más propicio
	quiere socorrerme el hado,
	pues sé el nombre, sin mudarme
	en el traje de hombre bajo,
	y probaré esta fortuna;
	sedme favorables, astros;
	el sueño a Octaviano ocupa,
	pues con este nombre, en tanto,
	he de libertar un alma;

noche, infundidle letargos.

(Vase.)

(Sale Marco Antonio.)

Marco Antonio   Venció a las guardas el oro
salí del castillo al campo,
que el oro es llave que ha abierto
los alcázares más altos;
en este monte ha de estar
con cien soldados Octavio
esperando a que yo logre
este ardid, valor, huyamos.
¡Qué oscura yace la noche!
si leer procuro, los rayos
de la luz que escribió el Sol,
no se ve en el aire un rasgo;
en el mar, el prado, el monte
lo sombra se ha amontonado,
y el concurso de las sombras
busca su primero caos.
¿Por dónde podré pasar
a aquel monte, que he pensado
que las centinelas mudas
han de corregir el paso?
Buscar por aquí procuro
una senda.

(Vase.)

(Sale Cleopatra por el monte.)

Cleopatra   Mar salado,

acógeme en tus espumas,
halle en tus aguas amparo
una infelice mujer;
bajé con el nombre al prado,
diéronme paso dos postas,
y a la tercera llegando
pidió el nombre; yo, que apenas
voy a pronunciarle, tardo,
y respondo Marco Antonio,
yendo a decir Octaviano;
que como este nombre estaba
en mi memoria grabado,
me olvidé del que aborrezco
y repetí el que idolatro;
en el puerto la esperanza,
que cuando el fuego disfrazo
la calentura de amor
saliese en voces al labio.

Octavio (Dentro.)   Cleopatra ha salido al monte,
seguidla todos, soldados.

Cleopatra   Todo el campo me ha sentido,
y ya despierto Octaviano
sale de la selva al monte;
éste el hecho más extraño
ha de ser que hayan oído
los egipcios y romanos;
vaya esta para la mar.

(Arroja la ropa y una basquiña a la mar.)

Ya arrastro un amor profano;
vaya a la mar este adorno

instrumento de mis daños;
sea este puñal aquí,

(Clava el puñal en el arena.)

de mi ruina el aparato,
y oiga el mundo mi constancia;
desta manera, tirano,
no podrás lograr tu amor,
recíbame el mar salado
en sus salobres entrañas
y no me goce Octaviano.

(Hace como que se arroja, y éntrase.)

Octaviano (Dentro.)   Cleopatra al mar se arrojó;
bajad todos.

(Sale Marco Antonio.)

Marco Antonio   ¡Ay de mí!
la voz de Cleopatra oí,
o el oído me engañó.
¿Si su amor constante o ciego
le quiso precipitar
porque apague todo un mar
lo que encendió todo un fuego?
ciertos como son mis males
mis evidencias serán,
que sin que haya viento están
moviéndose los cristales.

Octaviano (Dentro.)   En el mar está, sin duda;
de la tienda se ha arrojado.

Marco Antonio	¡Oh quién se hubiera quedado solamente con la duda!

(Salen Octaviano y Octavio, con un hacha encendida.)

Octaviano	Venid a la playa.
Octavio	Vamos.
Octaviano	Que aún no habrá mucho imagino.
Marco Antonio (Escóndese.)	Segunda vez me destino al abrigo destos ramos; desde aquí escuchar podré o mi victoria o mi muerte.
Octaviano	¡Hay más infelice suerte! Sobre la espuma se ve su vestido y el cendal que fue nube a su hermosura.
Octavio	Sobre esta lancha procura manifestar el cristal del abismo.
Octaviano	Pues entremos; déjate esa antorcha aquí; muerta es Cleopatra ¡ay de mí! pon a la lancha seis reinos, busquémosla desta suerte.
Octavio	Pues entra en la lancha.

(Vase, y dejan una hacha de tea arrimada a un peñasco.)

Octaviano   Ven.

Marco Antonio   Tuve un bien, y fue aquel bien
                           una señal de mi muerte;
                           ya murió Cleopatra bella,
                           ya el mar la habrá sepultado,
                           ya no soy más desdichado
                           que ya falleció mi estrella,
                           un bulto en el agua miro,
                           y agora es fuerza templar,
                           porque no se inquiete el mar,
                           el viento con que suspiro;
                           olas, mi amor ayudad,
                           haga mi piedad su oficio,

(Entra al vestuario, y saca una ropa de Cleopatra.)

                           iba a buscar un indicio,
                           y encontré con la verdad;
                           solo me dio la mar pura
                           por seña de que murió
                           este adorno que sobró
                           a su infelice hermosura.

Octaviano (Dentro.)   No parece ya.

Marco Antonio   ¡Oh dolor,
                           imposible de escuchar!
                           más feliz que yo es el mar
                           pues la ha guardado mejor;
                           busqué en el mar despojos
                           de una desdicha tan cierta;

134

ya sé que si ella está muerta,
que no la errarán mis ojos.

(Mira al vestuario, entra y saca unos cabellos.)

¡Ay mi Cleopatra, ay luz mía!
No parece en el abismo,
estatua soy de mí mismo.
¡Oh ejemplo de Alejandría!
¡Oh prodigio varonil
del más portentoso amor,
anegada y mustia flor
a las lluvias del Abril!
otro ejemplo soy igual,
y pues vivir es morir,
contigo voy a vivir
en el salobre cristal;
pero más mi pasión yerra,
yo propio me he de matar;
da tú un ejemplo a la mar,
y yo le daré a la tierra.
¡Ay esposa, ay firme amor!
Ea, darme la muerte quiero,
no traigo conmigo acero,
pero ya traigo dolor;
un sudor me cubre helado
y antes que muera, pues muero,
ir a que me maten quiero
los áspides deste prado.

(Va a entrar, y topa la daga de Cleopatra.)

El prado un acero fiero
ha producido a mi pena,

lágrimas sembré en la arena,
y ella produjo un acero.

(Toma el acero.) Esta es la dicha primera
que dio mi estrella importuna,
no es poco que la fortuna
me haya dado con qué muera;
Cleopatra, luz a quien sigo,
aunque yo soy mi homicida,
hoy ha de empezar mi vida,
pues voy a morir contigo.

(Escribe en el arena.) Dé la arena testimonio
de mi más felice suerte,
mi vida escribió en mi muerte;
aquí vive Marco Antonio.
Peñasco azul, parda arena,
cielo, aire, mar espumosa,
clavel, galán de la rosa,
jazmín, que amas la azucena;
Clicie, que al Sol enamoras,
águila, que al Sol te atreves,
garza, que los vientos bebes,
tórtola, que tu amor lloras;
peces, que el mar discurrís,
fieras, que el monte habitáis,
nubes, que el aire ocupáis,
peñas, que mi mal sufrís;
todos daréis testimonio
al que este amor no creyere
que aquí Marco Antonio muere
y aquí vive Marco Antonio.

(Dase una puñalada y cae muerto.)

(Sale Cleopatra medio desnuda.)

Cleopatra	Fingí que al mar me arrojaba,
	y en una gruta silvestre
	(bostezo que dio la tierra
	de perezosa o estéril)
	he estado hasta ahora oculta;
	y porque todos creyesen
	que di en el mar, un peñasco
	para que las aguas suenen
	arrojé del monte al mar;
	y para que me creyesen,
	esta seña de mi vida
	para indicios de mi muerte;
	esta defendida playa
	de tantos árboles verdes,
	a mi libertad deseada
	seguridades ofrece;
	porque los soldados todos,
	y Octaviano, que los mueve,
	buscan por el mar indicios
	de mi ruina aparente:
	«Aquí Marco Antonio vive»,
	dijo el aire, o es que quieren
	lisonjear el oído
	los vientos que al alba crecen.
Irene (Dentro.)	Antonio huyó del castillo,
	seguidle todos, no quede
	senda por todo ese monte
	que el cuidado no penetre;
	Lépido le habrá amparado.
Cleopatra	La voz es esta de Irene,
	Antonio huyó del castillo,

pídanme albricias las fuentes;
viva mi esposo y yo muera,
veré si la arena tiene
de sus plantas estampada
la señal; aquí parece
que varias plantas pisaron
ese nunca hollado albergue;
él huyó con los soldados
que le esperaban; hoy quiere
mi ya marchita esperanza
volverse a vestir de verde;
volverlas quiero a mirar,
esta playa a quien rebelde
en la brevedad de un día
el mar castiga dos veces:
sobre la no seca arena
grabada una línea tiene
que conserva la humedad
que le dejó la creciente.

(Lee.)   «Aquí Marco Antonio vive
—dice—, seas segundo Fénix,
que cuando en mi llama mueras,
tu misma vida te herede.»

albricias me pedís, flores,
estos funestos cipreses,
en vez de estériles frutos
produzgan flores alegres.
Callad, agoreras aves,

(Topa con Marco Antonio.)

pero en esta margen verde,
a quien este manso arroyo

de tanto aljófar guarnece,
yerto un cadáver distingo;
la sangre aún corre caliente,
para que la seca arena
de rojo coral se riegue.
Ver quiero si con la antorcha,
o bien yace o bien fallece.

(Toma la antorcha y mírale.)

¡Válgame el cielo! ¿Qué he visto?
¡Infelice yo mil veces,
que para herir con los males
me han amagado los bienes
¿Mi bien? ¿Mi esposo? ¿Señor?
¡Mal haya el acero aleve
que tu pecho de jazmines
le matizó de claveles!
Al Sol que hermoseó la tierra
o por claro o por ardiente,
de la Luna le eclipsaron
las turbias amarilleces.
Éste es mi acero, ¡ay de mí!
tú te has dado a ti la muerte;
mi queja al monte lastime;
mi voz en sus ecos quiebres.
y de mi fatal estrella
fieras y hombres se lamenten
(Échese en la arena.) leona soy, que a bramidos
dar otra vida pretende
al hijuelo que en la gruta
toda la arena enrojece;
quebrado espejo, en quien ya
verse mis ojos no pueden,

leona soy, oye mi voz,
si tiene oídos la muerte;
desde mi pecho a mi labio
mi queja se desconcierte,
porque a este roto instrumento
todas mis voces disuenen;
contigo quiero morir,
Antonio, que es muy decente,
pues nos dio un aliento vida,
que un sepulcro nos celebre;
hermosa corte del Mayo
que de piadosa o de fértil
porque entre flores descansen
áspides sangrientos meces,
permite una de tus flores;

(Toma una flor, y quita della un áspid)

flor, permite que despierte
un áspid solo de cuantos
a su encanto se adormecen
áspid, si hambriento te nombran,
en mis rojas venas prende,
porque hijo de mis iras
de mi sangre te alimentes.

(Pónese un áspid en un brazo y otro en otro.)

Cúmplase la maldición
de aquella mujer, y lleguen
a apasionar mis lamentos
los oídos más rebeldes.
¿Lépido, Irene, Octaviano?

(Salen Lépido, Irene, Octaviano, Lelio, Caimán y todos.)

Octaviano   ¿Quién me llama?

Irene   ¿Qué nos quieres?

Cleopatra   Ya Marco Antonio murió,
                   y ya Cleopatra fallece
                   en el jazmín de mis brazos

(Corre sangre de los brazos.)

                   ya el áspid rústico muerde;
                   Antonio fue la luz mía,
                   y al soplo del austro leve
                   se quedó en negra pavesa
                   la que era reliquia ardiente.
                   Irene, ya te has vengado;
                   aves, fieras, montes, peces,
                   ved este extremo de amor,
                   la edad esperada cuente
                   el ejemplo más constante
                   que dio el bronce a los pinceles.
                   Tuya soy, Antonio mío,
                   con parasismos anhele
                   esta llama a quien le falta
                   materia en que se alimente;
                   yo muero, y muero de amor,
                   volved a llorar, cipreses,
                   háganme exequias los mares,
                   corran lágrimas las fuentes,
                   y todos a una voz digan,
                   cuando mi ruina cuenten,
                   que aquí murió Marco Antonio

y que aquí Cleopatra muere.

(Cae muerta sobre Marco Antonio.)

Lépido   ¡Oh amante el más infeliz!

Irene   En él mi amor escarmiente.

Octaviano   Y aquí la comedia acaba;
                         si acaso perdón merece
                         el ingenio que la ha escrito,
                         hacedle el favor que siempre.

                         Fin de la comedia

Libros a la carta

A la carta es un servicio especializado para

empresas,

librerías,

bibliotecas,

editoriales

y centros de enseñanza;

y permite confeccionar libros que, por su formato y concepción, sirven a los propósitos más específicos de estas instituciones.

Las empresas nos encargan ediciones personalizadas para marketing editorial o para regalos institucionales. Y los interesados solicitan, a título personal, ediciones antiguas, o no disponibles en el mercado; y las acompañan con notas y comentarios críticos.

Las ediciones tienen como apoyo un libro de estilo con todo tipo de referencias sobre los criterios de tratamiento tipográfico aplicados a nuestros libros que puede ser consultado en Linkgua-ediciones.com.

Linkgua edita por encargo diferentes versiones de una misma obra con distintos tratamientos ortotipográficos (actualizaciones de carácter divulgativo de un clásico, o versiones estrictamente fieles a la edición original de referencia).

Este servicio de ediciones a la carta le permitirá, si usted se dedica a la enseñanza, tener una forma de hacer pública su interpretación de un texto y, sobre una versión digitalizada «base», usted podrá introducir interpretaciones del texto fuente. Es un tópico que los profesores denuncien en clase los desmanes de una edición, o vayan comentando errores de interpretación de un texto y esta es una solución útil a esa necesidad del mundo académico.

Asimismo publicamos de manera sistemática, en un mismo catálogo, tesis doctorales y actas de congresos académicos, que son distribuidas a través de nuestra Web.

El servicio de «Libros a la carta» funciona de dos formas.

1. Tenemos un fondo de libros digitalizados que usted puede personalizar en tiradas de al menos cinco ejemplares. Estas personalizaciones pueden ser de todo tipo: añadir notas de clase para uso de un grupo de estudiantes, introducir logos corporativos para uso con fines de marketing empresarial, etc. etc.

2. Buscamos libros descatalogados de otras editoriales y los reeditamos en tiradas cortas a petición de un cliente.